LA CUISINE POUR TOUS

A B C PRATIQUE

A L'USAGE DES MÉNAGÈRES

EN VENTE A LA MÊME LIBRAIRIE

Par le même auteur :

L'ART

D'ACCOMMODER LES RESTES

volume, cartonné, 1 fr. 25 c.

2158. — Imprimerie Lahure, rue de Fleurus, 9 à Paris.

LA CUISINE POUR TOUS

A B C PRATIQUE

A L'USAGE DES MÉNAGÈRES

PAR L'AUTEUR

DE L'ART D'ACCOMMODER LES RESTES

PARIS

LIBRAIRIE HACHETTE ET Cie

79, BOULEVARD SAINT-GERMAIN, 79

1881

PRÉFACE.

POURQUOI J'AI FAIT CE LIVRE.

Quelques dames qui connaissent l'auteur de « l'*Art d'accommoder les restes* » lui ont fait un soir cette question : « Mais, pourquoi vous êtes-vous borné à vous occuper de la desserte? pourquoi n'avez-vous pas fait un petit traité de cuisine bourgeoise? — Parce que j'ai cru remplir une lacune, faire une chose utile à beaucoup de personnes qui, sans posséder de la fortune, ont assez d'esprit pour aimer le bien vivre. Le succès inouï de mon petit ouvrage prouve que j'avais bien jugé de son utilité; quant à faire un livre de cuisine complet, il me semble que le besoin ne s'en fait pas généralement sentir, il en existe déjà un grand nombre. Je n'aurais pu que répéter à peu près ce qu'ils enseignent et je suis certain que vous-mêmes, Mesdames, qui êtes de bonnes ménagères, vous en possédez chacune au moins un, que vous mettez à la disposition de votre cuisinière. — C'est vrai; mais les cuisinières qui savaient préparer quelques plats, forcées par nos instances d'essayer des mets nouveaux, nous ont fait une dépense effroyable pour arriver à d'assez tristes résultats, en en rejetant la faute sur le livre; celles moins avancées n'ont pas paru comprendre, ont gaspillé beaucoup d'accessoires et n'ont rien produit de bon. Force nous a été de nous contenter du retour monotone des quelques plats dont se composait leur répertoire et c'est toujours le livre qui a eu tort.

— Le mien, si j'en avais fait un, aurait eu le même sort. Il n'aurait pas donné le désir d'apprendre à celle qui croyait en savoir assez pour l'argent qu'elle gagne, il n'aurait pas donné de l'intelligence à celle qui ne comprenait peut-être pas ce qu'elle lisait à peine. Mon livre les empêchera-t-il de perdre leur temps à causer au marché, à regarder par la fenêtre en faisant leur ménage, à aller faire une course que vous leur donnerez au moment où elles devraient allumer leur fourneau, toutes choses qui les mettent en retard? et ne voulant pas être grondées par *Monsieur* pour ne pas servir à l'heure dite, elles feront un dîner à la diable pour lequel Monsieur querellera Madame, ce qui les réjouira fort, et si par contrecoup, elles sont grondées par Madame, comme elles en ont la grande habitude, elles n'en perdront pas un coup de dent.

— Mais que faire alors, pour contenter nos messieurs qui trouvent qu'on dépense horriblement pour la cuisine, et qui se plaignent de manger toujours la même chose?

— Engager un cordon bleu, un chef.

— Impossible! une cuisinière à peine tolérable demande déjà des prix exorbitants.

— Faites vous-mêmes la cuisine. »

Cri général d'indignation!!

« Savez-vous d'où vient le mal? C'est qu'il y a une lacune dans l'éducation primaire des filles.

« Quel est le ministre qui se soit occupé des progrès de l'art culinaire, de celui qui devrait passer avant tous les autres, de celui qui est la base de l'édifice social, qui est une des gloires de la France, et par lequel elle règne sans rivale chez presque tous les peuples civilisés?

« Je ne connais qu'un seul grand personnage qui lui ait rendu ostensiblement hommage, Cambacérès, l'archi-chancelier du premier empire. Et, cependant, combien de fois nos ministres n'ont-ils pas appelé les combinaisons de l'art culinaire en aide à leurs combinaisons diplomatiques; ils connaissaient bien la vérité de ce vers devenu proverbe :

« Et c'est par des dîners qu'on gouverne les hommes. »

« Je me rappelle une époque où les dîners avaient une énorme influence parlementaire, et les agapes ministérielles avaient une telle célébrité qu'elles ont inspiré à Béranger une de ses meilleures chansons.

« Ingrats ministres! qu'ont-ils jamais fait pour l'avancement de cette science, sauf de payer largement ceux qui la pratiquaient avec succès.

« Dans ce moment même où on institue des écoles d'éducation professionnelle, est-ce que le ministre de l'instruction publique a pensé à l'art culinaire? Non; sois Beauvilliers, Carême, Brébant, si tu es né pour cela; moi je ne m'en mêle pas.

— Oui, oui, il a tort, cent fois tort; interrompirent ces dames. Mais, quand bien même on créerait une chaire d'art culinaire, est-ce que cela nous viendrait maintenant en aide; est-ce que nous avons le temps d'attendre qu'on nous élève des cuisiniers ou des cuisinières.

— Eh bien! puisque vous êtes obligées, je n'ose dire condamnées, à avoir une *bonne* actuelle, (quelle amère ironie que cette appellation!) au moyen d'un des livres existants, guidez-la, dirigez-la, aidez-la même, s'il le faut, dans les commencements. »

Ici, il y eut un moment d'arrêt dans le dialogue. Puis l'une de mes interlocutrices me dit : « Est-ce que vous croyez que chacune de nous n'a pas déjà tenté plusieurs fois de faire ce que vous venez de nous conseiller? Mais nous n'avons guère mieux réussi. Les livres que nous avons consultés sont trop exigeants, il faudrait quelquefois dépenser 10 francs pour composer les accessoires d'un plat, puis ils paraissent s'adresser plutôt à des cuisinières déjà formées qu'à des novices; peut-être sont-ils trop bons, trop complets, ils parlent de tout et de bien d'autres choses. Enfin, puisqu'il faut l'avouer, nous avons à peu près cessé de les ouvrir; et voilà pourquoi nous voulons que vous en fassiez un autre. Vous nous donnerez la manière de faire de bons petits plats sans dépenser trop d'argent et vous expliquerez cela assez simplement, assez brièvement, pour que nos bonnes le comprennent.

« Vous consacrerez un chapitre à leur donner de bons conseils; ce sera imprimé, dans un livre fait pour elles; elles y accorderont plus d'attention qu'à ceux que nous leur donnons souvent avec impatience.

— Faudra-t-il aussi consacrer un chapitre de conseils aux maîtresses?

— Non, » dirent-elles en riant; « elles s'en serviraient peut-être contre nous.

— Fort bien, je ferai l'ouvrage; mais qui l'éditera?

— Eh bien! M. Achille Faure; c'est lui qui a édité l'*Art d'accommoder les restes*, et il n'a pas eu à s'en repentir. Pourquoi ce nouveau livre ne réussirait-il pas comme le précédent? D'abord nous vous promettons que nous et nos amies, nous en achèterons toutes.

— Oh ! alors, dès qu'il pourra compter sur la vente d'une trentaine d'exemplaires, je ne doute pas qu'il ne s'empresse de faire les frais de l'impression. »

J'ai cédé.

J'ai fait le petit livre ; mon éditeur en a une bonne idée. Puisse-t-il ne pas s'être trompé !

AVIS ESSENTIEL.

Lorsque vous voulez préparer un mets, ne vous bornez pas à lire seulement l'article qui vous enseigne la manière de l'accommoder, mais parcourez le chapitre dont il fait partie; vous trouverez souvent, surtout au commencement, sur telle ou telle viande, des notions générales qui vous seront utiles.

LA CUISINE

POUR TOUS.

CONSEILS AUX NOVICES.

CONNAISSANCES GÉNÉRALES ÉLÉMENTAIRES ET INDISPENSABLES.

N'espérez pas devenir jamais une cuisinière, même passable, si vous ne vous persuadez, dès le commencement, que les meilleurs résultats sont dus, non à la *science*, à l'*habileté*, mais principalement au *désir de bien faire*, à l'*ordre*, à la *régularité* dans le travail et dans les *soins* qu'on apporte aux plus minces détails.

Je ne parle pas de la *propreté;* cette qualité est tellement exigible qu'aucune autre n'en peut dispenser. Faites de la mauvaise cuisine si vous ne pouvez pas la faire meilleure, mais au moins faites-la proprement.

Les qualités que je vous demande exigent que jamais vous ne vous mettiez en retard pour commencer votre dîner ; si vous vous sentez pressée par l'heure, vous ferez *bouillir* ce qui doit *mijoter*, vos rôtis seront ou *brûlés* ou *incuits*, vos légumes croquants ou en bouillie.

Ainsi donc, si vous devez confectionner un dîner *prié*, vous en connaîtrez le menu, mettez-vous en avance et préparez la veille tout ce que vous pourrez : faites vos jus, taillez vos croûtons, râpez votre mie de pain, etc.

Commencez de bonne heure à allumer le poêle de votre salle à manger et à mettre votre couvert.

Généralement toutes les bonnes font le contraire. Il en résulte plusieurs inconvénients très-graves. C'est au moment où vous devez mettre la dernière main à vos préparations, lier vos sauces, dresser vos plats, ne plus quitter ni vos fourneaux ni votre broche, que vous vous promenez sans cesse de votre cuisine à la salle à manger, dont la porte reste constamment ouverte, d'où il résulte que vous terminez mal vos préparations, que votre couvert mis à la hâte est souvent incomplet, et qu'en entrant dans la salle à manger, les convives, qui sortent d'un salon bien chauffé, sentent un petit manteau de glace leur tomber sur les épaules ; de légers mouvements du corps révèlent de petits frissons intérieurs, et il s'asseyent peu disposés à l'indulgence pour le résultat de vos efforts ; mais en revanche, pendant le dîner, la chaleur du poêle s'est développée, les lampes, les réchauds, les plats servis ont fourni leur contingent de calorique, et après avoir grelotté, on commence à être incommodé par une température trop élevée qui oblige quelquefois à ouvrir portes èt fenêtres. Le dîner fût-il excellent, on ne s'est pas trouvé dans des conditions convenables pour l'apprécier et en jouir.

J'ai parlé de *réchauds;* lors même que vous en auriez à votre disposition, agissez comme s'ils n'existaient pas, c'est-à-dire servez toujours dans des plats chauffés et donnez toujours aux convives des assiettes chaudes. Cette précaution est trop négligée en France, et cependant il suffit de tenir les assiettes dans un chaudron ou une terrine remplie d'eau chaude; au moment de changer les assiettes on donne un coup de serviette à celles qu'on va servir.

Ces conseils ne concernent que les préliminaires du dîner. Passons maintenant au chapitre plus important de la confection des mets qui doivent le composer; mais de même qu'avant de construire un meuble, l'ouvrier doit connaître les noms et l'usage des divers outils : varlope, rabot, scie, etc., de même, après avoir fait connaître les expressions en usage dans l'art que vous aspirez à pratiquer, les noms des outils dont vous aurez à vous servir, avant de vous expliquer les diverses manières de confectionner les mets, je dois vous initier aux connaissances élémentaires et générales qu'il vous faudra bien posséder pour arriver à pouvoir dire, sans mentir effrontément, que vous savez faire *une bonne cuisine bourgeoise.*

SERVICE DE LA TABLE. — VINS.

La personne qui fait le service de la table doit veiller à ce que les bouteilles et les carafes vides soient immédiatement remplacées par des pleines, sans qu'on ait besoin de l'avertir. Elle devra avoir des morceaux de pain coupés et en offrir aux convives, sans qu'ils aient besoin d'en réclamer.

Lorsqu'on enlève les assiettes ou qu'on les remplace, on doit se trouver à la droite de la personne que l'on sert; au contraire pour un mets que l'on fait circuler, on doit offrir l'assiette à la gauche des convives.

Lorsque des vins ont plusieurs années de bouteille et qu'ils ont déposé, transvasez-les avec précaution dans des carafes, lorsqu'ils sont bien reposés, et ne laissez pas couler du dépôt.

Le vin de Bordeaux doit être légèrement chauffé, surtout en hiver, pour développer le bouquet. Évitez de le transvaser et versez-le sans l'agiter et en contenant la bouteille toujours dans la même position.

ACCESSOIRES D'ASSAISONNEMENT.

Lorsque, dans la préparation d'un mets, vous devez y adjoindre divers articles, tels que oignons, champignons, navets, etc., il est essentiel de ne les mettre que successivement, selon le plus ou moins de temps qu'exige leur cuisson.

On doit aussi tenir note de l'effet que produira leur présence, soit pour le degré d'assaisonnement, soit pour la quantité de mouillement qu'il faudra employer. Ainsi dans les préparations où vous introduirez du lard salé, du jambon, il faudra être sobre de sel; lorsque vous mettez des champignons, comptez qu'ils apporteront toujours de l'humidité et qu'il faudra moins de mouillement.

Anchois. On les débarrasse de leur saumure en les lavant et en les essuyant ; on enlève l'arête.

Si l'on veut s'en servir comme *hors-d'œuvre*, on les coupe en filets et on en fait des dessins en les entremêlant de jaunes et de blancs d'œufs durcis et de persil, le tout haché fin, et on en forme des compartiments jaunes, blancs et verts. On peut y substituer des harengs saurs crus (Voyez page 127).

Si on emploie les anchois comme *accessoires* de certaines préparations et seulement pour y donner du goût, on fera bien d'employer de la sauce ou de la pâte d'anchois.

Beurre. Dans les préparations qui ne sont pas spécialement blanches, on peut substituer la graisse au beurre, mais le plat est moins distingué.

Employez toujours du beurre de très-bonne qualité ; ceci a une influence énorme sur la bonté des résultats, surtout pour les préparations au blanc.

En réalité, il y a presque économie, car le bon beurre contient moins d'eau, se conserve mieux et il en faut mettre moins (Voyez *Graisse*).

Manière de le clarifier. On le fait fondre dans un vase d'assez grande dimension pour qu'il ne déborde pas en bouillonnant. A mesure qu'il se forme de la mousse, on écume. Lorsqu'il sera devenu limpide, laissez-le reposer hors du feu ; avant qu'il ne soit refroidi, versez-le doucement, à travers un tamis, dans le vase où vous voulez le conserver, et ne couvrez le pot que lorsqu'il est figé.

Citron. Lorsque vous devez ajouter à un plat le jus d'un citron, si vous ne vous servez pas de la sauce (page 43), ne pressez jamais le citron au-dessus du mets que vous allez servir ; il pourrait tomber des pepins qui en séjournant dans le plat lui communiqueraient de l'amertume. Exprimez d'abord le jus dans une tasse et versez-le dans votre mets.

Coquilles. Lorsqu'un ragoût doit être mis au four dans de véritables coquilles, soit d'huîtres, soit de quelque autre mollusque, il est important de crever d'abord une petite tache bleuâtre qui se trouve à l'intérieur. Elle contient le fiel de l'animal. Elle éclaterait par l'action du feu et communiquerait au mets une saveur nauséabonde. C'est cette tache qui, crevée lorsqu'on ouvre une huître fraîche, lui donne le goût d'huître pourrie.

Cuisson des légumes. Mettez toujours les légumes secs à l'eau froide, après les avoir fait tremper pendant quelques heures. Quant aux légumes frais, jetez-les dans l'eau bouillante, excepté les pommes de terre, qui seront meilleures, cuites à l'étouffée. Dans l'un et l'autre cas, salez l'eau, et, si vous le voulez, mettez-y un bouquet garni, un oignon piqué, des clous de girofle et un peu de beurre.

On fait souvent blanchir des légumes pour en ôter l'*âcreté*. Il suffira, pour arriver au même résultat, de mettre dans l'eau où ils cuisent un morceau de mie de pain noué dans un linge fin. Retirez-le à moitié cuisson, il aura absorbé tout le mauvais goût que le légume aurait pu avoir.

Ouvrez un nouet qui a bouilli avec des haricots secs, vous sentirez une odeur très-désagréable.

Cuisson des rôtis. *Brillat-Savarin* a dit : *on devient cuisinier, on naît rotisseur*. Le fait est, que des cuisinières assez médiocres devinent, par une espèce d'instinct, le moment où une viande est cuite à point. Nous allons donner quelques avis pour celles qui ne sont pas douées de cette précieuse faculté.

D'abord, on conçoit que le degré de cuisson à donner à un rôti dépend aussi du goût de ceux pour qui il est préparé. Disons que généralement, les viandes brunes et noires demandent à être mangées saignantes, ou au moins roses à l'intérieur. Les viandes blanches, telles que le veau, le dindon, etc., veulent être complétement cuites dans toutes leurs parties.

On connaît qu'une viande brune est cuite, quand il en découle un jus rougeâtre, sans cependant que ce soit du sang.

Quant aux viandes blanches, quand il en jaillit des filets de fumée graisseuse ou que les piqûres de la fourchette en font couler abondamment un jus non sanguin, votre pièce doit être cuite.

Mettez les viandes noires rôtir à feu vif, que vous laissez un peu tomber; arrosez fréquemment, afin qu'il se forme une enveloppe rissolée qui retienne à l'intérieur le suc de la viande.

Le contraire a lieu pour les viandes blanches, surtout si votre pièce est forte. Qu'elle cuise à feu modéré, afin que, sans brûler la surface, la chaleur pénètre profondément, et dix minutes avant de débrocher, approchez-la du feu, afin de faire dorer votre rôti.

Il faut également arroser pendant la cuisson.

Nous allons donner approximativement le temps que les diverses pièces doivent rester à cuire, en faisant observer que nous supposerons la cuisson faite à l'air libre. Si vous vous servez d'une cuisinière ou tambour, diminuez le temps d'un quart; si vous employez à la fois cuisinière et coquille, diminuez le temps d'un tiers. En général pour les viandes brunes, un quart d'heure par livre, pour les viandes blanches (volailles, veau), une demi-heure par livre.

Bœuf....	5 livres,	1 h. ou 1 h. 1/4.	Lapin de garenne...	1/2 h.
Mouton...	4 d°	1 h.	Dindon fort.........	1 h. 1/2.
Agneau...		3/4 d'h.	Poularde...........	1 h.
Porc.....	4 livres,	2 h.	Poulet.............	3/4 d'h.
Veau.....	4 d°	2 h.	Oie................	1 h.
Sanglier..	10 d°	2 h. 1/4.	Faisan.............	40 minutes.
Chevreuil.	6 d°	1 h. 1/2.	Pigeon.............	1/2 h.
Lièvre...	....	1 h. 1/4.	Perdrix............	40 minutes.
Levraut..........		3/4 d'h.	Perdreau...........	1/2 h.
Lapin............		3/4 d'h.	Alouette bardée.....	20 minutes.

Il faut que la volaille soit tuée au moins la veille du jour où vous la faites cuire.

Si cependant on était pris à l'improviste, trempez-la dans l'eau bouillante où vous la plumez aussitôt que vous pouvez en supporter la chaleur.

Le moyen d'attendrir la viande de boucherie, c'est de la battre fortement pendant un quart d'heure, précaution qu'on néglige trop souvent.

Dégraisser. Pour dégraisser une sauce ou un plat, il

suffit souvent de laisser reposer un instant, d'enlever avec une cuillère plate le dessus de la sauce, ou même d'incliner seulement le vase, et de laisser couler le dessus. Un moyen plus efficace est de verser quelques gouttes d'eau froide, la graisse montera à la surface et pourra être facilement séparée.

Friture. Lorsque vous avez de la graisse de pot-au-feu, faites-la fondre à feu doux, écumez, mettez-y de petites croûtes de pain; et quand elle sera devenue limpide et ne formera plus de bouillons, passez-la dans un linge et gardez-la comme friture.

On peut aussi acheter de la graisse de bœuf qu'on coupe en petits morceaux et qu'on fait fondre avec un peu d'eau. Lorsque tout sera fondu, qu'il ne restera plus que des fibres et des filaments, pressez bien, en appuyant avec une cuillère de bois, passez dans un torchon, pressez, tordez, et gardez dans un endroit frais.

Pour faire de la friture au beurre, il faut d'abord le clarifier.

Le plus ordinairement à Paris, on se sert de saindoux. A chaque fois qu'on l'emploie, il faut en ajouter de nouveau. Quand il commence à chauffer, on l'écume et on le purifie en y glissant une petite tranche de pain qui vous indique en même temps son degré de chaleur.

Lorsque vous vous êtes servi de la friture, laissez-la reposer un instant et coulez-la à travers une passoire.

Si au moment où la friture est bien chaude, vous ajoutez deux cuillerées de bonne huile, les corps soumis à son action seront plus croustillants.

On connaît que la friture est assez chaude, lorsqu'elle fûme et qu'en y jetant quelques gouttes d'eau elle petille fortement, ou lorsqu'elle frit très-promptement une petite lame de pain.

Il est bon d'avoir deux fritures, dont une est spécialement consacrée au poisson.

Graisse. Nous avons dit qu'on pouvait souvent substituer de la graisse au beurre dans la confection de roux, de potages, etc. C'est celle de veau qu'il faut préférer. On achète de la graisse de rognon qu'on coupe en petits morceaux, et qu'on met fondre à feu doux avec un peu d'eau, on remue, on presse avec la cuillère de bois ces morceaux, afin d'en faire sortir tout ce qui peut se fondre. Lorsqu'il ne reste plus que des peaux et des filaments, on passe la graisse en appuyant ou en tordant, pour exprimer tout le liquide et on le laisse refroidir en y mettant quelques parcelles de laurier et un peu de sel.

Elle peut très-bien se conserver.

Huile. Lorsque vous devez l'incorporer dans une préparation, il faut la verser goutte à goutte, en tournant toujours pour qu'elle se lie bien aux autres ingrédients.

Lait. Lorsque vous devez faire bouillir du lait, passez un peu d'eau dans la casserole sans l'essuyer. L'humidité empêchera le lait de gratiner et de s'attacher au fond. Il est si rare maintenant de trouver du lait pur que, malgré cette précaution, vous pourrez trouver encore quelquefois une crasse au fond de la casserole.

Larder ou piquer. On fait ordinairement couper les lardons de la grosseur qu'on désire, en achetant le lard.

Les lardons seront nécessairement plus gros lorsqu'on aura à piquer un filet de bœuf, de sanglier, etc., que lorsqu'il s'agira de piquer un râble de lièvre, de lapin, des filets et fricandeaux, etc.

Lorsque vous voudrez que vos lardons communiquent plus de saveur au morceau que vous préparez, faites-les préalablement mariner, ou au moins, laissez-leur prendre du goût dans un assaisonnement de poivre, de sel et de muscade.

Lorsqu'on prépare de grosses pièces comme galantine, etc., les lardons doivent pénétrer dans l'intérieur du morceau ; mais, si vous piquez des filets ou de petites pièces, vous prenez des lardons fins, vous enfoncez votre lardoire de la main droite, en dirigeant la pointe vers vous ; lorsqu'elle a été enfoncée aux trois quarts, vous la garnissez d'un lardon, et de la main gauche vous achevez de la faire passer, de manière que vos lardons sortent de même longueur à chaque extrémité. Lardez régulièrement en droite ligne, et quand vous avez achevé une rangée, commencez-en une autre, de manière qu'une des extrémités des lardons de cette rangée sorte dans l'intervalle entre les lardons de la première. Par ce moyen, votre pièce en sera entièrement couverte.

Piquez le gibier, la volaille en travers, mais pour les pièces de boucherie, lardez dans le sens du fil de la viande.

Liaisons. Il faut être fort scrupuleux sur le choix des œufs qui doivent être très-frais; on sépare le jaune en le transvasant d'une coquille à l'autre, et en laissant tomber le blanc.

Délayez les jaunes avec une cuillerée d'eau froide; le mélange opéré, ajoutez deux ou trois cuillerées du liquide que vous voulez lier, sauce ou potage; remuez et quand le mélange est complet, versez-le, tout en tournant toujours, dans la préparation que vous complétez ainsi.

Du moment que vous avez versé la liaison, ne remettez plus sur le feu, ou au moins ne laissez plus bouillir.

Oignons. Les têtes et les queues sont les parties les plus âcres, supprimez-les donc, si vous devez couper les oignons en tranches.

Si vos oignons doivent être servis entiers, il faut nécessairement, en les épluchant, conserver les têtes; sans cela ils se déferaient.

Quand on veut les hacher, on commence par les diviser en tranches très-minces de la tête à la queue, sans les séparer. On répète la même opération, par des coupures qui croisent la première. Puis enfin on coupe horizontalement en tranches minces; votre oignon sera haché régulièrement en carrés, d'autant plus fins que vos coups de couteau auront été plus rapprochés.

Pâte à frire. Délayez de la farine dans un peu d'eau, de manière qu'il n'y ait pas de grumeaux; ajoutez du sel, deux cuillerées d'eau-de-vie, deux cuillerées d'huile d'olive, deux œufs entiers bien battus. Mêlez bien le tout, en tournant, et laissez reposer votre pâte pendant trois ou quatre heures avant de vous en servir. Elle doit avoir assez de consistance pour s'attacher aux corps que vous y plongez.

On peut délayer la farine avec du vin blanc. Si au contraire, vous ajoutez du lait à la pâte, vous pourrez y mettre aussi une ou deux cuillerées d'eau de fleur d'oranger. S'il s'agit d'entremets sucrés, ne mettez pas de sel.

Manière de réchauffer les rôtis. Si de votre desserte il vous reste un gros morceau de bœuf, enveloppez-le de papier beurré, et remettez-le à la broche. Si vous n'avez que des morceaux de petites dimensions, enveloppez-les également de papier beurré et mettez-les sur le gril à feu doux.

On peut aussi couper des tranches minces, et les mettre, seulement pour réchauffer, dans une *sauce tomate* ou autre sauce selon le goût, mais surtout, dès que vous avez mis vos tranches de rôti dans la sauce, ne la laissez jamais bouillir, et ne laissez la viande que le temps absolument nécessaire pour qu'elle soit bien réchauffée jusqu'à l'intérieur, ce qui exige un feu modéré.

Quant au veau, on peut en faire des papillotes que l'on met sur le gril à feu doux ou que l'on fait réchauffer en le coupant par tranches et en le mettant à l'une des sauces blanches indiquées, blanquette, poulette, etc.

Roux. Préparation très-importante, car, dans la cuisine bourgeoise, elle remplace les veloutés, les jus, les sauces espagnoles, etc.

On fait fondre du beurre dans une casserole, et on y ajoute une quantité de farine ou de fécule proportionnée à la consistance que vous voulez lui donner. On tourne vivement sur un feu ardent de charbons, avec une cuillère de bois, jusqu'à ce que l'amalgame soit complet et que le roux ait acquis la couleur que vous désirez; on arrête le roux en le mouillant.

On appelle roux blond, celui auquel on donne la teinte de café à la crème, et *roux blanc*, celui dans lequel on mêle vivement la farine au beurre, avant que celui-ci ait pris couleur.

Ce qui détermine la couleur et l'épaisseur qu'on donne au roux, c'est la nature de la sauce à laquelle il est destiné.

Lorsque vous faites un roux foncé, évitez de le laisser brûler, il communiquerait de l'amertume à la préparation à laquelle vous l'associeriez.

Pour les mets où il doit entrer du lard, le roux peut se faire, en ajoutant un peu de farine, après avoir retiré le lard qu'on a fait revenir. Dans les mets accommodés à la provençale, les roux se font avec de l'huile au lieu de beurre.

Sucre (manière de le clarifier). Battez avec un peu de blanc d'œuf le quart d'un litre d'eau. Faites fondre, sur le feu, avec un tiers de cette eau, une livre de sucre dans un vase non étamé et remuez; aux premiers bouillons, ajoutez un peu de votre eau préparée et écumez. Répétez cette opération plusieurs fois, jusqu'à ce que vous ayez un sirop, puis passez au tamis ou dans une serviette que vous tordez. On peut conserver ce sirop pour les occasions où on en aura besoin. Pour clarifier les *liquides*, on se sert d'une chausse, d'un filtre de papier, etc., ou on se contente d'écumer.

VOCABULAIRE

DES TERMES EMPLOYÉS EN CUISINE.

ABAISSE. Morceau de pâte aplati au moyen d'un rouleau.

AROMATES. Substances végétales qui communiquent aux sauces, aux viandes, aux ragoûts, une saveur plus relevée et qu'on préfère, thym, estragon, anis, safran, vanille, etc.

BARDER. Envelopper de tranches minces de lard gras une pièce de viande ou une volaille.

BARDES. Tranches de lard qu'on emploie comme il est dit ci-dessus, ou pour accompagner certains morceaux cuits à la casserole ou dans une daubierre.

BLANCHIR. Passer à l'eau bouillante des viandes ou des légumes.

BOUQUET. Il se compose de branches de persil nouées ensemble.

BOUQUET GARNI contient de plus, céleri, ciboule, ail, thym, pimprenelle, clous de girofle, laurier, sariette, etc.

BRAISE BRAISER. Faire cuire une viande dans un vase clos, et pendant plusieurs heures, à petit feu, avec tranches de viande, bardes de lard, bouquet garni, carottes, oignons, épices, clous de girofle, vin blanc et bouillon.

BRIDER. Passer une ficelle dans les membres d'une volaille ou d'un gibier pour le maintenir dans la position qu'on lui a donnée.

BUISSON. C'est disposer les objets qu'on veut servir en une pyramide qui rappelle l'objet dont nous empruntons le nom. On se sert des ustensiles en étagères qui servent à monter ces plats, comme un *buisson d'écrevisses.*

CAISSE. Feuille de papier beurrée ou huilée dont on replie les bords de manière à former une espèce de caisse dans laquelle on fait griller à feu doux certains mets.

CARAMEL. Sucre brûlé qui sert à donner de la couleur à des plats. On peut en acheter tout préparé.

CISELER. Se dit d'entailles peu profondes et obliques, faites à distance sur des poissons, saucisses, boudins qu'on veut faire griller.

CLARIFIER. Rendre limpide un liquide qui ne l'est pas. On clarifie, en faisant bouillir et en écumant, en passant au tamis, à la chausse, au filtre de papier à travers un linge.

CONCASSER. Casser une substance en gros morceaux, avec le marteau ou le pilon.

CONDIMENTS. Assaisonnements d'un goût énergique, comme poivre, piment, muscade, gingembre, etc.

CROUTONS. Morceaux de pain qu'on taille en forme de dés, de crêtes de coq, de triangles, qu'on fait frire dans le beurre et avec lesquels on décore des plats.

CROUSTADES. Tranches de pain frites dans le beurre ou dans l'huile, plus longues que les croûtons ordinaires.

CUISSON. Action de cuire les mets ; se dit souvent du liquide et des assaisonnements dans lesquels la cuisson s'est opérée.

DALLES ou DARNES. Morceau carré et régulier enlevé sur un poisson charnu, entre la tête et la queue.

DÉGORGER (faire). Faire tremper longtemps dans l'eau froide ou tiède qu'on renouvelle, les viandes qu'on veut purger du sang qu'elles conservent.

DÉS. Morceaux de pain, de lard, etc., auxquels on donne la forme des dés à jouer.

DÉGRAISSER. Oter d'une sauce ou d'un ragoût la graisse qui se trouve en excès. (Voy. page 14).

DÉSOSSER. Opération assez difficile qui consiste à enlever les os d'un morceau de viande, d'une volaille, sans en diviser les chairs en morceaux, et en conservant à peu près la forme primitive. Se dit aussi d'un poisson dont on enlève les arêtes. (Voy. p. 104).

ÉCAILLER ou ÉCHARDER. Oter les écailles d'un poisson en le grattant avec un couteau et mieux avec une râpe.

ÉCHAUDER. Jeter dans l'eau bouillante des substances pour pouvoir en enlever plus facilement le poil, la peau, etc.

ÉMINCER. Couper en tranches minces.

ENTRÉES. Noms qu'on donne aux mets que l'on sert au commencement du repas : viande, gibier, volaille, poisson, en ragoût ou avec une sauce.

ENTREMETS. Plats légers, légumes, crèmes, petites pâtisseries, etc., qui se servent entre le rôti et le dessert.

ÉPICES. Substances aromatiques qui servent à relever le goût des sauces et des ragoûts. Les quatre épices sont : le poivre, le laurier, la cannelle, et les clous de girofle mis en poudre et mêlés.

ESCALOPES. Petites tranches minces de viande ou de poisson, qu'on dispose sur le plat comme les ardoises d'un toit, en empiétant l'une sur l'autre.

ÉTOUFFÉE (faire cuire à l').

Faire cuire dans un vase fermant hermétiquement de manière à empêcher toute évaporation.

FARCE. On donne souvent ce nom à un hachis d'herbes, telles que oseille, épinards; mais plus communément il s'entend de viandes hachées, assaisonnées et amalgamées avec d'autres corps, qu'on introduit dans les volailles et dans certaines préparations. (Voy. page 28).

FILET. Morceau le plus tendre d'un animal, qui s'étend le long de l'épine dorsale, depuis les côtes jusqu'à la cuisse. Chair qui se trouve sur l'estomac des volailles. — Filet mignon.

FLAMBER. Passer une volaille sur une flamme pour brûler ce qui peut rester de tuyaux et de duvet, après qu'elle a été plumée.

FONCER. Mettre avant tout, dans le vase où va s'opérer la cuisson, divers accessoires, comme bardes de lards, ronds de carottes, etc.

FRÉMIR. Se dit d'un liquide qui commence à se rider et à laisser échapper de petites bulles sous l'action de la chaleur.

GARBURE. Nom donné à un potage aux choux ou aux légumes cuits dans la graisse et très-assaisonnés.

GARNITURE. Tous les accessoires qu'on ajoute au morceau principal.

GLACE Sauce, jus, qu'on fait réduire jusqu'à l'état solide.

GLACER. Étendre sur les viandes, avec un pinceau ou une plume, un jus, un coulis, ou saupoudrer de sucre qui se cristallise pendant la cuisson.

HABILLER. Première préparation qu'on fait subir aux morceaux qu'on va faire cuire. Pour une *volaille*, c'est la vider, la plumer, la trousser, la flamber. Pour un poisson, c'est le vider, l'écailler, ébarber les nageoires.

HORS-D'ŒUVRE. Petits plats mis sur table avec le couvert et destinés à exciter l'appétit, comme thon, olives, anchois, radis, beurre, etc.

INFUSION. Liquide bouillant qu'on jette sur une substance pour en extraire l'arome et le suc.

LARDER. Larder, piquer une viande ou un poisson avec lard, truffes, etc. (Voy. page 16).

LIER. Unir ensemble tous les éléments dont se compose un potage, une sauce, un ragoût, y ajouter une liaison. (Voy. page 17).

LIMONER. Enlever avec un couteau ou en l'échaudant, l'espèce de limon ou de mucosité qui recouvre certains poissons.

MARINADE. Préparation à base de vinaigre ou d'huile, dans lesquels on laisse séjourner plus ou moins longtemps des viandes ou des poissons. (Voy. page 33).

MASQUER. Verser une sauce ou un ragoût sur un mets qu'on va servir.

MENU. Détail des potages et des mets dont se compose un repas.

MIJOTER. Cuire lentement et à petit feu.

MITONNER. Bouillir doucement et longtemps.

MANIER. L'action d'amalgamer des substances en les pétrissant ensemble.

MORTIFIER. Battre fortement pour l'attendrir une viande qu'on ne peut attendre deux ou trois jours.

MOUILLER. Verser un liquide dans une préparation qui est sur le feu.

NEIGE. Mousse légère et blanche qu'on obtient en battant avec une verge des blancs d'œufs ou de la crème.

PANER. Saupoudrer de mie de pain ou rouler dans de la mie de pain fine des morceaux qu'on veut faire griller. Pour les fritures on pane quelquefois à la chapelure.

Pour faire adhérer la panure on trempe quelquefois le morceau dans de l'œuf.

PANER A L'ANGLAISE. C'est tremper dans du jaune et du blanc d'œufs battus ensemble, ou dans du beurre tiède, un morceau déjà pané et le paner une seconde fois à la mie ou à la chapelure de pain.

PARER. Supprimer dans un morceau de viande, les peaux, les nerfs, les graisses, les bouts de viande qui ne doivent pas être servis et donner à la pièce qu'on pare, une forme régulière et agréable.

PASSER. Retourner à plusieurs reprises dans du beurre, de l'huile ou de la graisse, un morceau qu'on va faire cuire.

PIQUER. Larder avec une lardoire garnie de lard fin. (Voy. page 16).

POCHER. C'est jeter dans de l'eau bouillante et assaisonnée, des œufs, des quenelles, des boulettes.

POINTE. Signifie en cuisine une très-petite quantité : une *pointe d'ail*, un petit morceau.

PUITS. Vide laissé au milieu d'un plat ou dans une pâte.

QUENELLES. Boulettes de viande ou de poisson hachés, pilés, assaisonnés et amalgamés avec de la mie de pain souvent mouillée de lait.

RAFRAICHIR. C'est passer à l'eau froide des substances qu'on a soumises à l'action de l'eau chaude.

REVENIR (faire). Passer une pièce dans du beurre très-chaud.

RELEVÉ. Plat qu'on sert après le potage.

RISSOLER (faire). C'est faire prendre aux morceaux une belle couleur dorée, en les arrosant et en les exposant à un bon feu.

SAUTER. C'est mettre dans une casserole ou une poêle, sur un feu vif, des morceaux qu'on remue sans cesse et qu'on retourne par des mouvements imprimés à l'ustensile.

TAMISER. Faire passer à travers un tamis.

TOURNER. Se dit des légumes et des olives qu'on prépare en les arrondissant ou en leur donnant des formes variées.

SUER (Faire). Mettre dans une marmite de la viande avec très-peu d'eau, pour lui faire jeter son jus.

TRAVAILLER. Se dit d'une sauce qu'on fait réduire, en la tournant sans cesse, avec une cuillère de bois.

TROUSSER une volaille, assujettir les membres près du corps dans une position favorable qui varie un peu pour chaque animal. (Voy. page 103).

VANNER. Faire pour une sauce avec une cuillère, la même manœuvre que pour faire flamber du punch.

ZESTE. La superficie la plus mince de la peau d'un citron ou d'une orange.

USTENSILES DE CUISINE.

Bain-marie. Vase qui contient de l'eau qu'on fait bouillir et dans lequel on plonge un autre vase renfermant ce que l'on veut faire chauffer ou cuire.

Bouilloire. Vase en fer-blanc, en fer battu, en cuivre étamé, en terre même, avec couvercle et manche; il en faut de diverses grandeurs.

Boule en étain ou en toile métallique, dans laquelle on renferme des substances qu'on veut faire cuire, sans qu'elles se mêlent à celles avec lesquelles elle cuisent. C'est ainsi qu'on peut faire crever du riz dans la marmite du pot-au-feu.

Broches. Il en faut de diverses grosseurs.

Brochettes. Petites broches en fer qui passent à travers la pièce qu'on fait rôtir et les trous de la grande broche (Voy. *Hâtelets*).

Brosse de table. Elle est contournée et sert à enlever les miettes devant chaque convive avant de servir le dessert.

Cafetières. Se dit aussi des bouilloires; mais les cafetières s'emploient plus particulièrement pour le café et le lait.

Casseroles. Celles en cuivre demandent à être entretenues avec une grande propreté et étamées souvent. En raison des événements fâcheux qu'elles ont causés, on se sert souvent de celles en fer battu ou en fonte émaillée. Il en faut de diverses grandeurs et une en cuivre rouge non étamée.

Chaudron. Pour faire bouillir de grosses pièces, comme tête de veau, ou des herbes pour les farces d'oseille, de chicorée.

Chausse, espèce de sac pointu en feutre ou en drap pour clarifier les liquides.

Coquille à rôtir. Prenez-la en terre ou en fonte garnie

de terre, et assez profonde pour contenir la quantité de charbon nécessaire pour cuire un rôti sans être obligé d'en ajouter.

Couteaux, de diverses grandeurs, il en faut un à lame large et mince pour émincer les viandes, couper des bandes de lard ou de jambon, faire des sandwichs, etc.

Couvercles. Outre les couvercles plats, il est bon d'en avoir à bords relevés qui puissent s'adapter sur les casseroles ou sur les plats allant au feu, afin d'y pouvoir entretenir de la braise allumée. On remplace ainsi souvent le four de campagne.

Cuillères. Il en faut en bois pour tourner les sauces. Il faut aussi des cuillères à pot, des cuillères pour arroser les rôtis; celles-ci servent aussi à dégraisser. Il en faut à spatules pour enlever les viandes ou les sauter.

Écumoire. Rondes et carrées, dont les trous devront être de différents diamètres.

Entonnoir, en métal et en verre, pour filtrer les liquides.

Fourchettes. Elles doivent être à manche long, afin de pouvoir manier les viandes pendant leur cuisson dans la casserole ou dans le poêle. Elles servent aussi à faire des rôties de pain.

Gril. On en fait qui, garnis de rigoles et accompagnés de lèchefrite, permettent de griller les viandes sans fumée ni odeur, même quand on les arrose.

Hachoir. Ce sont des couteaux de diverses formes et grandeurs à une ou plusieurs lames. Ils ont généralement deux poignées et une lame semi-circulaire. Ils doivent être accompagnés d'une *planche carrée* à rebords, sur laquelle on place les substances, herbes ou viandes que l'on veut hacher.

Hâtelets ou brochettes. Petites broches en fer, en bois, en buis, en argent, qui servent à fixer sur la broche les grosses pièces, et à les empêcher de tourner; on s'en sert pour les menus morceaux et on les applique sur la grande broche. On s'en sert pour enfiler par les yeux de petits poissons que l'on fait frire.

Lardoir. Il en faut de plusieurs calibres selon que vous voulez larder de gros lardons ou *piquer* de lard fin.

Marmite. Il est nécessaire d'en avoir de dimensions différentes, en terre ou en cuivre. Celles en fonte ne sont bonnes qu'à faire cuire à l'eau quelques légumes.

Pour le *pot-au-feu* préférez la marmite de terre, et consacrez-en une exclusivement à cette préparation. Vous n'obtiendrez de bon bouillon que lorsqu'elle aura servi. La première fois il sera moins succulent.

Mortier. Il est ordinairement en marbre ; le pilon peut être en bois.

Passoire. Vase creux percé de trous, ordinairement en fer-blanc. Les trous sont plus ou moins rapprochés, selon les liquides plus ou moins épais qu'on veut faire passer.

Pour les purées, il faut avec un pilon de bois appuyer fortement sur la passoire.

Planche à couteaux. Revêtue d'une peau de chamois, on la saupoudre de brique préparée et on frotte les couteaux pour leur donner du brillant.

Planche à poisson. Elle doit être généralement plus longue que large. On la recouvre d'une serviette et l'on sert dessus, entouré de persil, un poisson cuit au court-bouillon.

Poêle. Il en faut au moins de deux dimensions. Préférez celles qui ont été travaillées au marteau; elles sont faciles à reconnaître ; elles laissent apercevoir les traces des coups de marteau.

Poivrière. Petite burette en fer-blanc dont le couvercle est percé de trous fins. On poivre plus également en s'en servant.

Râpes. Il en faut pour le fromage, pour le lard, pour le sucre, et une pour écailler les poissons.

Sautoir ou sauteuse. Casserole qui n'a que quatre ou cinq centimètres de profondeur, pour faire sauter les mets sur le feu.

Tamis. Préférez ceux en toiles métalliques; ils sont faciles à nettoyer et ne conservent pas le goût des substances qui les ont traversés.

Tournebroche. Petit appareil qui se monte comme une pendule, et qui, au moyen d'un ressort, fait tourner la broche d'un mouvement égal. Il est muni d'une sonnerie qui avertit qu'il a besoin d'être remonté.

Triangles en fer qu'on place sur les fourneaux allumés, afin que le fond des casseroles ne se trouve pas en contact immédiat avec les charbons enflammés et n'étouffe pas le feu.

Verge ou balai en osier, avec lequel on fouette les œufs ou la crème qu'on veut faire mousser.

Vide-pomme. Petit tube en fer-blanc qui sert à enlever les pepins et le cœur d'une pomme sans l'ouvrir.

ARTICLES ET INGRÉDIENTS

QU'IL EST BON D'AVOIR EN PROVISION.

Faute de se munir à l'avance de certains articles dont l'usage n'est pas journalier, on est obligé, pour les aller chercher, de quitter ses fourneaux au moment où la cuisson des rôtis, des mets exigerait une vigilance incessante, ou l'on se passe d'un ingrédient qui aurait contribué à la parfaite réussite d'une préparation.

Anchois dans leur saumure ou conservés dans l'huile.

Café concentré très-bon pour les crèmes sans qu'il soit besoin de moudre, de faire passer, etc.

Cannelle pour les compotes, les crèmes, les entremets sucrés. La plus estimée est celle de Ceylan, mince, légère, d'une couleur jaune. Celle de *Chine*, en morceaux, courts, rougeâtres, a une odeur plus forte, mais lui est bien inférieure comme saveur.

Caramel. On nomme ainsi le résultat de la cuisson du sucre, jusqu'à ce qu'il ait pris une consistance épaisse et une couleur jaune ou brune. On trouve des boules et des pastilles de caramel.

Champignons séchés ou morilles. L'arome en est

très-suave. On les fait tremper et on les débarrasse du sable et de la terre qu'ils pourraient avoir conservés.

Chapelure. On peut la faire soi-même avec une râpe, ou l'acheter chez le boulanger.

Conserves *pour cuisine:* cornichons, câpres, etc.; pour *hors-d'œuvre :* petits oignons, haricots verts et blancs, choux-fleurs, etc., conservés dans du vinaigre; on trouve dans le commerce ces conserves anglaises avec l'étiquette *Pikles;* leur saveur est bien plus énergique que celles des conserves françaises.

On doit avoir aussi en hiver des conserves de tomates, de haricots verts, de petits pois, de flageolets, etc.

Épices et aromates. Ayez-les toujours en provision sous la main. Outre les ingrédients employés chaque jour, ayez de la poudre de *Kari,* des *piments* et des *quatre épices,* voyez page 20.

Farine pour les liaisons ou pour fariner les articles qu'on veut frire. Préférer celle de *gruau* ou la *fécule.*

Farines alimentaires. Il est bon d'avoir toujours des farines de pois, de lentilles, de haricots, de maïs, avec lesquelles on fait en quelques minutes d'excellents potages.

Fromages. Il est bon d'avoir en réserve du bon gruyère pour les macaronis, etc. Étant sec, il se râpe mieux et acquiert un goût plus énergique. On met encore de côté les morceaux qui ne seraient plus présentables sur la table; on les râpe et on sert ce fromage râpé avec le potage; chaque convive en prend selon son goût.

Julienne sèche. On la fait tremper et elle cuit ensuite en une demi-heure. Ayez aussi de la julienne Crécy.

Pastilles ou boules d'oignon brûlé et de jus de légumes concentré.

Pâtes alimentaires, vermicelle, semoule, macaroni, nouilles, tapioca, arrow-root; petites pâtes: sagou, gluten, etc. On s'en sert pour le pot-au-feu, les potages, les sauces et les ragoûts.

Poivre blanc, noir, fin et gros.

Riz et Riz Crécy concassé avec carottes.

Sauces anglaises, voyez page 48.

Sel. Ne vous servez pas de sel gris commun, il est presque toujours falsifié. Préférez le sel blanc ou le sel gemme.

Sucre pilé préférable au sure *râpé* qui sucre moins.

Tablettes de bouillon avec lesquelles, en cas d'urgence, on peut faire un potage en quelques minutes.

Vanille. Il faut la conserver dans un flacon hermétiquement bouché. Si on fait sécher un morceau qui a bouilli une première fois dans du lait, on peut s'en servir une seconde fois.

Vinaigre. Outre le vinaigre ordinaire, ayez du vinaigre aromatisé pour diverses sauces.

Zeste de citron et d'orange qu'on fait sécher et qu'on utilise au besoin.

FARCES, GARNITURES.

Farces, garnitures. On peut garnir beaucoup de pièces en les servant sur des ragoûts de champignons, de légumes et sur des purées, ou sur des farces d'herbages; on consultera la manière de préparer chacun de ces articles.

Lorsqu'on doit farcir une pièce à l'intérieur, nous donnons la composition générale de ces garnitures, mais il est évident que les assaisonnements peuvent être modifiés suivant les goûts. Telles personnes n'aiment pas la muscade, d'autres redoutent l'ail; l'essentiel est que votre farce soit bien assaisonnée, qu'aucun élément n'y domine. Et ce qui ne nuira jamais, c'est lorsque vous y ajoutez quelques truffes ou parures de truffes hachées.

Carottes pour garniture. Si vous employez des petites carottes laissez-les entières, en les pelant avec soin. Si elles sont grosses, coupez-les dans le sens de leur longueur. Si ce sont de vieilles carottes, tournez-en les morceaux, en les pelant, de manière à leur donner la forme de petites carottes. Faites-les blanchir pendant quelques minutes; puis mettez-les cuire dans une quantité d'eau assez grande pour qu'elles baignent. Ajoutez un morceau de beurre de la grosseur d'un œuf, pour une vingtaine de petites carottes, une bonne cuillerée de sucre pilé et une demi-cuillerée de sel; faites partir à feu vif. Mais si ce sont des carottes anciennes, comme elles sont plus dures à cuire, mettez-les à feu modéré. Lorsqu'après avoir tâté vos carottes, vous vous êtes assuré qu'elles sont à peu près cuites, il faut les mettre presqu'à sec, ajouter du beurre, les sauter et les faire tomber en glace sans les laisser noircir.

Champignons. Lorsque les champignons ne devront fournir que leur arome et leur jus et qu'ils ne devront pas figurer comme garnitures, on pourra épargner du temps et de la peine en employant quelques gouttes de ketchup. (Voyez *Sauces anglaises*, page 43). Cependant je conseillerai d'avoir toujours des morilles qu'on nous expédie sèches de Bordeaux et qu'on trouve chez les marchands de comestibles.

Croûtons. Taillez de la mie de pain, en lames, en dés, en crêtes de coqs, etc., et faites-les frire à la casserole dans du beurre, de manière à leur faire prendre une belle couleur dorée et à les rendre croustillants.

Farce de poisson. La composition des farces varie suivant les pièces à la préparation desquelles elles doivent concourir. Si la farce doit accompagner ou garnir un poisson, hachez du poisson cru, de l'anguille de mer, par exemple, pilez-la avec des jaunes d'œufs durs et de la mie de pain qu'on aura fait cuire dans du lait et dessécher; ajoutez un morceau de beurre égal à votre quantité de farce et pilez encore; pilez après avoir assaisonné de persil haché, sel, poivre, muscade râpée, et de plusieurs jaunes d'œufs crus ajoutés un à un; fouettez en neige la moitié de vos blancs d'œufs et amalgamez le tout de manière à avoir une farce onctueuse.

Cette farce peut servir pour beaucoup de mets; elle est très-délicate.

Farce de viande. Hachez menu des débris de volaille, de la desserte de veau, cuits à la broche, des restes de gibier, de gigot, etc., dont vous retirez les nerfs et les peaux. A défaut de ces restes, achetez des morceaux de viande crue que vous ferez revenir et que vous hacherez ensuite; ajoutez-y de la chair à saucisse, dont la quantité dépendra de ce que vous avez de viande hachée, mais qui ne devra pas l'excéder. Hachez de nouveau le tout ensemble très-menu, en assaisonnant de sel, poivre, muscade, persil, ciboule, une feuille d'estragon, mie de pain trempée de bouillon, le quart de votre hachis; ajoutez des œufs battus, de manière à faire du tout une pâte bien unie et bien mêlée; mettez au feu, dans une casserole, avec un morceau de beurre et une pincée de farine; tournez et arrêtez le roux en mouillant de bouillon; faites mijoter sur un feu doux, goûtez au bout d'une demi-heure, pour vous assurer que votre viande est cuite et bien assaisonnée et faites-en usage pour farcir une oie, une pièce quelconque.

Plus vous aurez de viande, moins vous aurez à mettre de chair à saucisse, et votre farce sera plus délicate.

Autre Farce. Hachez menu de la viande de veau et le quart en poids de jambon cru que vous avez bien lavé et gratté en supprimant la couenne; lorsque les deux viandes sont bien hachées et mêlées, ajoutez un œuf cru, poivre, sel, un peu de persil haché et de la mie de pain que vous aurez fait tremper dans du bouillon et pressée; pétrissez bien le tout et servez-vous-en pour farcir une volaille, une poitrine de veau, etc.

Harengs saurs. Voyez page 127.

Oignons glacés. Épluchez des petits oignons sans couper trop près la queue et sans enlever la tête, afin qu'ils ne se défassent pas; rangez-les au fond d'une casserole dans du beurre qui fond; ajoutez trente ou quarante grammes de sucre pour un verre de bouillon et un peu de sel; faites aller à petit feu. Lorsque les oignons sont cuits et ont pris couleur, le mouillement doit être très-réduit. Dressez vos oignons autour de la pièce que vous accommodez; délayez avec du bouillon le fond de la casserole, et versez-le sur les oignons. On peut aussi les glacer en les saupoudrant de sucre qu'on fait cristalliser en passant dessus une pelle rouge.

Olives. N'achetez pas les olives noires, choisissez-les vertes, charnues et fermes. Il faut adroitement enlever le noyau, sans y laisser adhérer de la pulpe du fruit. Après avoir fendu la peau par un bout, il faut tourner autour du noyau la lame d'un très-petit couteau. Jetez-les à mesure dans l'eau fraîche; faites-leur jeter un bouillon; égouttez-les, et si vous ne vous en servez pas immédiatement, remettez-les à l'eau fraîche.

J'ai vu les employer avec les noyaux.

Pommes de terre rôties, frites, en robe de chambre pour garniture. (Voyez à l'article *Pommes de terre*, page 141.)

Navets pour garniture. Procédez comme pour les carottes (page 128).

Fonds d'artichauts pour garniture. Faites cuire les artichauts comme il est dit page 150; supprimez les feuilles, le foin, parez les fonds que vous coupez en morceaux. S'ils doivent figurer seuls et ne pas être mis dans une sauce, faites-les un peu sauter dans le beurre.

Purées pour garniture. (Voyez l'article *Purée*, page 138.)

Lorsque vous devez les servir sous des viandes, il faut avoir soin de les passer au feu et d'y ajouter du beurre ou du jus avant de servir.

Macédoine de légumes, grasse ou maigre. (Voyez cet article aux légumes.)

Garniture de choucroute. (Voyez page 154.)

Garniture de choux. (Voyez *Ragoût de choux*, page 152.)

Chipolata. C'est un ragoût qui sert à accompagner les viandes brunes et le gibier rôti.

On fait cuire, dans un verre de vin blanc, auquel on ajoute du bouillon ou de l'eau, de petits oignons, des champignons et du lard passés au beurre; on ajoute sel, poivre, bouquet garni, des marrons rôtis et de petites saucisses qu'on a mises sur le gril (Chipolades).

On peut même y mettre des carottes, des navets, des fonds d'artichauts, du céleri coupé en morceaux.

On notera que lorqu'un ragoût se compose de plusieurs articles il faut les mettre cuire à leur tour suivant l'espace de temps qu'exige leur cuisson.

SAUCES.

Observations générales sur les sauces. Les sauces jouent un très-grand rôle dans les préparations culinaires. Elles servent à varier la manière d'accommoder les mêmes viandes qu'on se fatiguerait de manger toujours avec le même assaisonnement. Elles sont également utiles pour tirer parti des dessertes de table, qui, dans les maisons bourgeoises, doivent reparaître le jour suivant. Il faut donc les approprier avec discernement et les préparer avec soin.

Nous avons cherché à en simplifier la confection, de manière que, sans grande dépense et sans manipulations multipliées, une personne intelligente pourra exécuter les formules que nous allons indiquer.

La bonté d'une sauce blanche, dépend surtout de la fraîcheur et de la finesse du beurre. Ne les compliquez pas d'aromates, d'épices, surtout la béchamel.

Préférez, pour leur confection, le citron au vinaigre. Dans les sauces où, à la rigueur, il faudrait ajouter quelques cuillerées de *sauce liée*, de *glace*, du *blond de veau*, nous y avons substitué un mouillement de jus de rôti ou de bouillon, ou même nous y avons suppléé par l'addition d'un morceau de beurre manié de farine.

Lorsqu'une sauce est destinée à accompagner une viande marinée, prenez généralement pour mouillement une partie de la marinade, après l'avoir passée. On y ajoute le jus de la cuisson de la viande.

Goûtez toujours une sauce avant de la servir, afin de vous assurer qu'elle est assaisonnée à point et si elle a besoin d'être dégraissée.

Marinades. On fait souvent mariner les viandes brunes qu'on veut attendrir, ainsi que les viandes blanches et les poissons, auxquels on communique ainsi un goût plus relevé. Ces marinades se composant d'épices et de plantes aromatiques, on conçoit qu'on doit faire dominer l'élément dont on veut communiquer plus particulièrement la saveur au morceau qu'on y soumet.

Marinade au vinaigre. Mettez, dans deux tiers d'eau et un tiers de vinaigre, thym, laurier, persil en branches, ciboule, oignon émincé, gousse d'ail, sel et gros poivre.

La nature de la viande détermine le temps qu'il faut la laisser dans la marinade : le sanglier exigera un ou deux jours ; l'espace d'une nuit suffira pour un rôti de bœuf ; pour les petites pièces, quelques heures suffisent. Retournez de temps en temps votre morceau. On peut, si l'on veut, relever encore le goût de la marinade en y mettant d'autres condiments, tels que muscade, gingembre, quatre épices, etc.; cette marinade a l'inconvénient de parcheminer la surface de la viande.

Marinade à l'huile. Cette marinade se compose des mêmes éléments que la précédente, mais elle est à base d'huile, et souvent on supprime tout à fait le vinaigre. Elle est très-bonne pour attendrir et conserver la viande.

C'est de cette marinade qu'on se sert pour les poissons.

Marinade cuite. Mettez un demi-verre de vinaigre et deux verres de bouillon ou d'eau; faites-y bouillir pendant une heure oignons, navets, carottes, coupés en tranches, laurier, thym, clous de girofle, deux cuillerées de farine, sel, gros poivre; passez et mettez-y votre pièce, en ayant soin que, successivement, tous les côtés trempent dans la marinade.

Marinade cuite à l'huile. Supprimez le vinaigre, mettez huile et bouillon, et faites-y cuire les mêmes ingrédients que pour la précédente, moins la carotte et les navets; mettez, si vous le voulez, muscade, échalote, ciboule, fines herbes hachées.

Gelée. On met un jarret ou un pied de veau cuire avec la viande qu'elle doit accompagner; c'est ordinairement une galantine, une daube.

On passe la cuisson et l'on bat, comme pour une omelette, deux ou trois œufs, jaunes et blancs. Mettez le tout dans une casserole que vous posez sur un bon feu, en continuant à fouetter doucement votre mélange, jusqu'à ce qu'il commence à bouillir. Couvrez la casserole et mettez-la sur de la cendre chaude; laissez mijoter pendant une heure et passez le liquide à travers une serviette tendue au-dessus d'un vase; laissez refroidir.

Si vous n'avez pas de cuisson à mêler avec vos œufs battus, mettez un peu de veau avec quelques débris du morceau que vous préparez. Des légumes émincés; épicez selon votre goût; faites bien bouillir avec de l'eau, afin d'obtenir une espèce de jus que vous mêlez avec vos œufs battus.

Jus. Les jus se préparent généralement à l'avance, dans les grandes cuisines, pour s'en servir à l'occasion. Dans la cuisine bourgeoise, on en fait rarement usage; mais comme, dans certains cas, ils sont utiles, on pourra s'en procurer facilement, sous forme de gelée, chez les rôtisseurs. Si l'on tient à le préparer chez soi, nous allons indiquer une manière simple et peu coûteuse de le faire.

Faites concasser une livre d'os que vous mettez dans une marmite avec une tranche de jambon cru de Bayonne, gratté, lavé, des couennes, les parures du morceau de viande que vous allez accommoder, ou quelques débris de viandes que vous achetez chez le boucher, carottes émincées, deux gros oignons coupés en morceaux, un peu de thym, de laurier, une gousse d'ail, sel, gros poivre, muscade râpée; ajoutez une tomate, si vous l'aimez; vous mettez assez d'eau pour que le tout baigne, et vous faites bouillir d'abord à bon feu, puis vous laissez cuire doucement pendant quatre ou cinq heures. Lorsqu'avec la fourchette vous voyez que votre jambon est cuit, retirez vos tranches, qui seront fort bonnes à manger froides; vous passez et vous obtenez un jus dans lequel vous pouvez faire cuire à petit feu la viande qu'il doit accompagner; mais si votre jus doit servir au mouillement d'une sauce ou à lui donner du corps, il faut, après qu'il a été passé, le faire réduire à la consistance voulue.

Sauce pour tous mets. Mettez infuser sur de la cendre chaude, dans du vin blanc et deux fois autant de bouillon, une feuille de laurier, sel, poivre, quelques brins de cerfeuil et d'estragon, et un peu de zeste de citron.

Au bout de cinq ou six heures, passez cette sauce, qui convient à presque toutes les préparations.

Autre. Si vous avez des débris de viandes, mettez-les dans un roux léger en y ajoutant deux oignons et une tranche de jambon, mouillez avec bouillon gras et un verre de vin blanc, ajoutez successivement ail, ciboule, thym, laurier, champignons, persil haché; salez et poivrez modérément, faites mijoter pendant deux heures, passez au tamis, et, quand vous allez vous en servir, ajoutez un peu de citron.

Cette sauce peut se conserver.

Sauce froide pour poisson. Pilez, après les avoir fait blanchir, estragon, pimprenelle, civette, persil, cerfeuil; passez, puis amalgamez deux jaunes d'œufs pilés; versez, en tournant, trois ou quatre cuillerées d'huile, deux de vinaigre, deux de moutarde; servez à part du plat que cette sauce doit accompagner.

On conçoit que les quantités d'huile, de vinaigre, de moutarde peuvent varier suivant le goût des personnes.

Sauce liée ou espagnole. Délayez de la farine dans du beurre fondu sans laisser roussir, mouillez avec du jus que vous avez ou que vous préparez exprès (Voy. *Jus*, page 34) ; faites bouillir pendant quinze ou vingt minutes et passez au tamis si vous le jugez nécessaire.

Si vous n'en faites pas immédiatement usage, tournez-la de temps en temps avec une cuillère de bois.

Sauce blanche ou sauce au beurre. Amalgamez de la farine ou de la fécule dans du beurre tiède, une demi-cuillerée par personne; ajoutez autant de verres d'eau, sel, poivre. Mettez votre casserole sur le feu et tournez bien votre sauce, qui doit avoir la consistance d'une bouillie.

Lorsqu'elle a jeté quelques bouillons, mettez-y du beurre frais ; tournez encore jusqu'à ce que le beurre soit fondu.

Ne laissez pas bouillir ; mouillez encore si elle est trop épaisse; goûtez pour savoir si elle est de bon sel, et mêlez quelques gouttes de sauce de citron (page 39).

Vous pouvez y ajouter des câpres et des cornichons hachés ; si c'est pour accommoder des légumes, ajoutez un jaune d'œuf délayé dans un peu d'eau.

Sauce à la crème. Même composition que la sauce blanche : beurre, farine, persil et ciboule hachés, sel, poivre, muscade; mettez un verre de crème ou de bon lait; faites bouillir en tournant.

Sauce blanquette. Même composition que la sauce blanche; remplacez les herbes d'assaisonnement par un bouquet garni ; si vous y mettez cuire ou réchauffer du veau ou de la volaille, vous pouvez vous dispenser d'y mettre des jaunes d'œufs. On fera cuire à feu très-doux pendant trois heures ; mais si les viandes étaient déjà cuites, on ferait, avant de les y mettre, cuire la sauce pendant une heure, ainsi que les champignons, les petits oignons, les fonds d'artichauts qu'on peut y ajouter.

Sauce poulette. C'est la blanquette, à laquelle on ajoute une liaison de jaunes d'œufs, sans omettre des champignons, petits oignons, etc. ; on y introduit souvent de la crème

Sauce blonde. Faites un roux peu foncé de couleur; mouillez de bouillon; faites cuire vingt à vingt-cinq minutes, et selon le mets que votre sauce doit accompagner, mettez ou non quelques gouttes de citron.

Sauce maître-d'hôtel. Mettez dans du beurre fondu persil haché fin, sel, poivre, quelques gouttes de citron ou une feuille d'oseille hachée.

On se contente quelquefois de mettre, sous une viande ou un poisson grillé, un bon morceau de beurre pétri avec persil haché, sel et poivre. La chaleur de la viande fait fondre l'assaisonnement; on peut ajouter quelques gouttes de citron ou hacher une feuille d'oseille.

Maître-d'hôtel liée. Mettez en même temps, sur un bon feu, de l'eau, une cuillerée de farine, beurre, persil et ciboule hachés, sel, gros poivre; tournez jusqu'à l'ébullition; ajoutez quelques gouttes de citron.

Sauce aux tomates. Coupez les tomates par quartiers et mettez-les cuire avec thym, laurier, ail, persil, sel, poivre et muscade, un clou de girofle. Passez au tamis en foulant avec un pilon de bois; ajoutez au jus un bon morceau de beurre, et faites bouillir doucement pour épaissir. Nous n'avons pas indiqué la cuillerée de farine que mentionnent presque tous les livres, parce que cette addition neutralise le goût aigrelet de la tomate, qui, selon nous, constitue un des principaux mérites de cette sauce, qui sert à une infinité de préparations, potages, sauces et ragoûts, qu'elle rend plus agréables.

On pourrait commencer par ôter les pelures et les pepins des tomates, les faire cuire ainsi qu'il a été dit, et, au lieu de passer la sauce, retirer simplement les ingrédients qui s'y trouvent, avant d'ajouter le beurre. C'est cette méthode qu'on emploie communément lorsque les tomates sont de belle grosseur.

Sauce béchamel maigre. Délayez, avec de la crème ou du lait bouilli, un morceau de beurre bien pétri de farine; ajoutez un peu de sel; faites bouillir pendant huit à dix minutes sans cesser de tourner; ajoutez un bon morceau de beurre et ne laissez plus bouillir.

Sauce grasse. Procédez comme ci-dessus; mais, au lieu d'ajouter du beurre, mettez quelques cuillerées de jus, si vous en avez, et, à défaut, de la graisse de veau dans laquelle vous avez fait revenir du lard gras ou que vous avez fait fondre dans du bon bouillon.

Sauce mayonnaise. Mettez dans un bol deux ou trois jaunes d'œufs et tournez-les vivement sans vous lasser, jusqu'à ce qu'ils ne fassent plus qu'une pâte ; vous pourrez également le faire avec deux jaunes durs et froids et deux jaunes crus; versez goutte à goutte un verre à liqueur d'excellente huile, tandis que de l'autre main vous tournez toujours. Lorsque le mélange est opéré, salez et poivrez, puis versez alternativement huile et vinaigre, en continuant à tourner; au lieu de vinaigre vous pouvez mettre de la sauce de citron (page 43); mettez-y une cuillerée à café d'eau, votre sauce crémera mieux et ne tournera pas, c'est-à-dire que l'huile ne se séparera pas de l'œuf. Dans le cas où cela arriverait, il faudrait verser de nouveau peu à peu des jaunes d'œufs bien travaillés, et en tournant toujours.

Sauce bretonne. Hachez de gros ognons et supprimez la partie qui touche à la racine; faites-les frire dans du beurre et mouillez avec un verre de bouillon ou d'eau, avec thym et laurier, sel, poivre; faites cuire à petit feu jusqu'à ce que vos oignons soient tellement réduits en marmelade que vous puissiez passer le tout au tamis; ajoutez deux cuillerées de sauce liée ou de jus de rôti, ou enfin, à défaut, un roux un peu mouillé de bouillon; servez avec un peu de citron.

Sauce hollandaise. Délayez de la farine dans du beurre tiède et mouillez d'une quantité d'eau égale aux trois quarts, avec sel et poivre : faites jeter quelques bouillons; retirez la casserole du feu et versez-y, pendant que vous tournez, deux jaunes d'œufs battus et délayés dans un peu d'eau; remettez au feu, et retirez dès que l'ébullition recommence; terminez en ajoutant un fort morceau de beurre, du jus de citron et de l'eau chaude si elle est trop épaisse.

Sauce italienne. Faites revenir dans du beurre échalote, persil, champignons, truffes hachés; mouillez avec du vin blanc ou du vinaigre, poivre et sel. Laissez bouillir pendant une demi-heure, passez au tamis.

On y ajoute souvent une cuillerée d'huile.

Sauce soubise. Si vous ajoutez à la *sauce bretonne* quelques haricots blancs ou deux ou trois pommes de terre farineuses, plus de la crème bouillie et un morceau de beurre pétri de sucre pour terminer, vous aurez la sauce dénommée ci-dessus.

Sauce des minimes. Faute de beurre, ou dans la semaine sainte, délayez des jaunes d'œufs dans de l'huile fine; ajoutez, en tournant toujours, sel, poivre, muscade; faites chauffer au bain-marie, et tournez toujours pour bien lier votre sauce.

Sauce aux anchois. Ajoutez à une sauce blanche (page 36) un peu de pâte d'anchois ou quelques gouttes de sauce anglaise, poivre, muscade et un clou de girofle; faites bouillir dix minutes, et ajoutez quelques gouttes de citron.

Vous pouvez préparer cette sauce en vous servant d'un roux blanc, au lieu de sauce blanche.

Sauce hachée. Faites un roux mouillé de bouillon et d'un peu de vinaigre. Faites cuire séparément, dans un verre de vinaigre, des champignons hachés menu avec persil et échalotes. Lorsque le vinaigre a été presque entièrement volatilisé, versez votre roux et laissez sur le feu pendant quelques minutes. Ajoutez des câpres, des cornichons hachés, et, au moment de servir, ajoutez un morceau de beurre et quelques gouttes de sauce anglaise aux anchois.

Sauce piquante. Faites un petit roux, mouillez avec deux ou trois cuillerées de vinaigre, un peu d'eau ou de bouillon, une bonne pincée de poivre; faites bouillir dedans, pendant dix minutes des échalotes hachées; au moment de servir, ajoutez une petite quantité de cornichons hachés menu.

Le poivre et le vinaigre doivent dominer.

Si vous voulez n'avoir qu'une *sauce aux échalotes*, vous ne mettrez pas de cornichons.

Si c'est une sauce aux *câpres* que vous désirez, procédez comme pour la *sauce piquante*, et substituez des câpres aux cornichons hachés.

Sauce poivrade. Faites roussir dans du beurre un ognon haché; mouillez avec un demi-verre de vinaigre ou un verre de vin rouge; ajoutez une bonne pincée de poivre, deux feuilles de laurier, persil en branches, deux clous de girofle et du jus ou de la sauce liée, si vous en avez. Faites bouillir pendant trois quarts d'heure et passez au tamis. Si votre sauce était trop claire, ajoutez un morceau de beurre manié de farine et faites réduire.

Sauce ravigote. Faites bouillir dans du bouillon, avec poivre et vinaigre, de la pimprenelle, du cresson alénois, de l'estragon, que vous aurez hachés menu. Au bout d'un quart d'heure, ajoutez un morceau de beurre manié de farine, et tournez jusqu'à ce qu'il soit fondu.

Sauce à la ravigote froide. Aux herbes hachées indiquées pour la ravigote, ajoutez de jeunes pousses de céleri, câpres hachées menu, un jaune d'œuf, un peu d'huile et quelques gouttes de sauce aux anchois. Mêlez bien le tout.

Rémolade froide. Hachez menu échalote, cerfeuil, ciboule, un peu d'ail; ajoutez sel et poivre; délayez de la moutarde dans de l'huile et du vinaigre. Mêlez bien le tout.

Cette sauce se servira à part ou sur le mets qu'on veut assaisonner.

Rémolade à la provençale. Hachez persil, ognons, cornichons; ajoutez quelques jaunes d'œufs, un peu d'ail et des câpres; pilez le tout avec un peu de pâte d'anchois; tandis que vous pilez, versez de bonne huile goutte à goutte; ajoutez, pour finir, un jus de citron.

Sauce Robert. Faites légèrement roussir dans du beurre deux gros oignons hachés très-fin avec une cuillerée de farine; ajoutez du beurre, sel, poivre, et faites-les cuire; mouillez avec du bouillon; dégraissez et remettez au feu pendant un quart d'heure.

Délayez une cuillerée de moutarde avec une cuillerée de vinaigre et ajoutez au moment de servir.

Sauce génevoise. Si elle doit accompagner du poisson, faites un roux que vous mouillez avec la cuisson du poisson; passez-la et mettez beurre, champignons, échalotes et persil hachés. Si le poisson n'a pas été cuit au court-bouillon, ajoutez du vin, faites bouillir.

Si vous voulez vous en servir pour accommoder un reste de viande, mouillez le roux de bouillon et ajoutez quelques gouttes de sauce aux anchois.

Sauce matelote. Épluchez des petits ognons blancs et des champignons en quantité égale, faites-les sauter dans un morceau de beurre assez gros pour qu'il ne prenne pas couleur; ajoutez farine, sel, poivre, muscade râpée; mouillez avec bouillon et vin blanc; faites mijoter et liez avec jaunes d'œufs; relevez avec quelques gouttes de citron.

Sauce au beurre noir. Faites bien roussir du beurre dans une poêle sans le laisser brûler. Faites frire en même temps du persil non haché; versez le tout sur le mets que vous préparez.

Versez du vinaigre dans la poêle; quand il est bien chaud, versez sur le tout.

Sauce à la diable. Hachez menu des échalotes et mettez-les dans du vinaigre avec une gousse d'ail et une feuille de laurier; ajoutez un peu de glace de veau, ou du jus, ou un roux léger; faites réduire et terminez avec un morceau de beurre avec piment en poudre et une cuillerée d'huile d'olive.

Sauce à la moutarde. C'est la sauce blanche dans laquelle vous délayez de la moutarde au moment de servir.

La quantité dépend des goûts.

Sauce à la tartare. Battez des jaunes d'œufs avec un peu de vinaigre et de la moutarde; ajoutez cerfeuil, estragon, échalotes hachés menu, sel et poivre. Mêlez le tout et versez-y doucement de l'huile, en remuant toujours.

Si la sauce était trop épaisse, ajoutez du vinaigre.

Sauce au kari. Jetez dans un roux mouillé de bouillon une bonne pincée de poudre de kari, faites jeter quelques bouillons et servez bien chaud avec une volaille cuite au pot.

Sauce au pauvre homme. Hachez échalotes et persil, mettez-les dans du bouillon avec sel et poivre, laissez sur le feu jusqu'à ce que les échalotes soient cuites. Un moment avant de vous servir de cette sauce, ajoutez une cuillerée de vinaigre.

Sauce pour salmis. Le gibier, le canard et l'oie sont généralement les seules viandes qu'on accommode en salmis, et on a surtout recours à cette préparation pour les reliefs du dîner de la veille.

Mettez dans une casserole un bon morceau de beurre manié de farine ; tournez-le bien sans le laisser roussir; mouillez avec vin blanc et bouillon par quantités égales; ajoutez bouquet garni et échalote entière, afin de pouvoir retirer ces deux articles, poivre, sel, muscade, un verre d'eau-de-vie ou de chartreuse, et si vous le voulez, deux ou trois truffes émincées, vous arrêtez l'ébullition au bout d'une demi-heure; terminez par quelques gouttes de citron. Vous arroserez de cette sauce vos morceaux de gibier que vous aurez dressés comme il sera indiqué à chaque article.

Sauce aux huîtres ou aux moules. Passez des huîtres à l'eau bouillante, en vous servant de l'eau même des huîtres. Faites jeter quelques bouillons et faites-les égoutter.

Mettez-les dans une sauce blanche ou un roux blanc mouillé de leur eau que vous avez passée.

Au lieu d'huîtres vous pouvez mettre des moules.

Cette sauce accompagne bien le poisson.

Sauce aux écrevisses. Mettez dans une sauce blanche, ou dans un roux blanc, la chair d'écrevisses pilée ainsi que les œufs ; servez avec citron.

Sauce aux groseilles à maquereau. Faites un roux que vous mouillez de bouillon. Faites blanchir des groseilles à maquereau que vous avez coupées en deux et dont vous avez ôté les pepins, ajoutez-les, au moment de servir, à la sauce que vous avez préparée.

On peut ajouter, pour donner de la couleur, un peu de jus de persil pilé.

Cette sauce accompagne bien le poisson.

Sauce pour homard. Délayez une cuillerée à café de moutarde, avec un jaune d'œuf cru ; salez légèrement ; versez dans ce mélange de l'huile d'olive, goutte à goutte, en tournant doucement, toujours dans le même sens. Lorsqu'on a la quantité de sauce désirée, ajoutez du vinaigre en prenant pour guide le goût des convives. Cette sauce doit être épaisse.

Sauce pour les huîtres. La meilleure manière de manger les huîtres, c'est au naturel ; beaucoup de personnes y mettent quelques gouttes de citron.

Les grosses huîtres non parquées qu'on appelle *pieds de cheval* ont une saveur très-âpre qu'on corrige ainsi :

Écrasez de l'échalote hachée très-fin dans du vinaigre, ajoutez gros poivre et écrasez encore. Mettez deux ou trois gouttes de cette sauce dans chaque huître.

Sauces anglaises. Elles sont encore peu en usage en France, cependant elles pourraient simplifier diverses préparations, et même, dans beaucoup de cas, dispenser de recourir à la composition de sauces pour accompagner des reliefs qu'on veut utiliser.

On les trouve chez les marchands de comestibles et dans les grands magasins d'épicerie. — Celles fabriquées par M. Osborne sont préparées avec beaucoup de soin.

Harvey sauce. Elle est de couleur brune à base de vinaigre, d'un goût relevé et accompagne très-bien les viandes froides, surtout celles qui par elles-mêmes ont peu de saveur.

Ketchup ou sauce aux champignons. Elle peut servir dans la préparation de toutes les sauces ou ragoûts, où le champignon ne doit que donner son goût à l'assaisonnement : quelques gouttes suffiront.

Sauce au citron. On l'emploie dans toutes les préparations où le jus de ce fruit est indiqué comme complément d'une sauce ou d'un ragoût. Elle sert à assaisonner les cerneaux, les huîtres et le cresson dont on entoure une volaille.

Sauce d'anchois. Elle possède une saveur très-énergique, et quelques gouttes versées sur l'assiette, dans une sauce blanche, en relèvent très-agréablement le goût. On peut s'en servir pour préparer un beurre d'anchois, etc.

Pâte d'anchois. Peut se mêler à des farces et servir à faire des sandwichs en en mettant une légère couche entre deux tartines minces beurrées.

Beurre d'anchois. Pour éviter d'avoir à nettoyer et à piler les anchois, amalgamez de la pâte d'anchois avec du beurre, ou versez dans du beurre fondu quelques gouttes de sauce aux anchois.

Beurre d'ail ou ayoli. Ne s'emploie que dans les mets à la provençale. On pile des gousses d'ail et on y met de bonne huile d'olive que l'on verse goutte à goutte dans le mortier, en tournant avec le pilon.

Beurre de Montpellier. Lavez et blanchissez à l'eau bouillante, cerfeuil, estragon, pimprenelle, un peu de ciboulette. Retirez avec l'écumoire et mettez rafraîchir; exprimez toute l'eau et pilez le tout.

Ajoutez successivement cornichons, gousses d'ail, jaunes d'œufs durs, un peu de pâte d'anchois et pilez toujours. Ajoutez du beurre, sel, poivre, muscade, et pilez jusqu'à ce que tout soit bien mélangé. Incorporez un demi-verre d'huile d'olive, plus ou moins, ainsi que quelques cuillerées de vinaigre à l'estragon.

Beurre ravigote. Lavez, faites blanchir et pilez les mêmes substances que pour le beurre de Montpellier; diminuez la quantité de cerfeuil et d'estragon ; augmentez celle de ciboulette.

Beurre aux fines herbes. Mêmes procédés, même composition, moins de ciboulette, une échalote hachée en plus.

Beurre de homard. Pilez avec un morceau d'excellent

beurre les œufs qui se trouvent sous la queue d'un homard, faites passer à travers un tamis fin et vous avez un beurre rouge que vous utilisez aux articles où il est indiqué.

POTAGES.

Bouillon de poisson. Faites revenir dans du beurre des carottes et des oignons, mouillez avec de l'eau et un peu de vin blanc; ajoutez sel, thym, laurier, clou de girofle, poivre; faites bouillir dedans n'importe quel poisson d'eau douce, coupé en morceaux, des crevettes, de petites crevettes grises ou des cuisses de grenouilles, des débris du poisson que vous auriez employé pour faire des quenelles; vous pouvez même utiliser ainsi de la desserte de poisson que vous auriez débarrassée de la sauce et des accessoires; terminez par un morceau de sucre, versez ce bouillon sur des tranches de pain et distribuez aussi les morceaux de poisson que vous aurez laissés dans le bouillon après l'avoir passé.

Potage et bouillon de poisson. Il se fait en prenant deux ou trois espèces de poisson, comme merlan, anguille de mer, limande, qu'on lave, écaille, etc., et qu'on coupe par morceaux. Après les avoir fait égoutter, on passe dans de bonne huile du persil haché, des oignons émincés, une gousse d'ail pilée, laurier, poivre et sel; lorsque tout est bien revenu, on mouille avec de l'eau, on fait bouillir, et au moment de l'ébullition on y met le poisson; au bout d'un quart d'heure versez le bouillon sur des tranches de pain. Utilisez le poisson à part.

Ce bouillon peut se préparer avec des dessertes de poisson, comme il est indiqué dans l'*Art d'accommoder les restes*.

Potage avec bouillon de coquillages. Séparez de leurs coquilles des moules, des huîtres et autres mollusques, faites-les bouillir un instant dans l'eau qu'ils ont rendue et laissez-les égoutter sur un linge. Faites un roux léger avec une pincée de farine et mouillez-le avec l'eau de cuisson, faites bouillir, et au moment de servir, mettez vos huîtres, moules, etc., liez avec des jaunes d'œufs et versez sur des croûtons passés au beurre.

Si vous voulez-en faire un potage provençal, substituez l'huile au beurre et ajoutez de l'ail écrasé.

Bouillon de poulet. Faites bouillir doucement un poulet dans l'eau avec un peu de sel et mettez un nouet de semences froides concassées. Un bon poulet ne doit pas donner plus de deux litres de bouillon.

Si vous voulez le rendre plus pectoral, mettez deux cuillerées d'orge mondé, autant de riz; édulcorez-le avec du miel; ayez soin d'écumer.

Utilisez le poulet suivant les indications de l'*Art d'accommoder les restes.*

Bouillon rafraîchissant. Il se fait en mettant bouillir ensemble une tranche de veau, des laitues, une poignée de cerfeuil et même un peu de chicorée sauvage.

On peut aussi se servir de mou de veau qu'on fait dégorger à l'eau tiède, qu'on coupe par morceaux et qu'on fait bouillir avec des navets émincés, du cerfeuil et des jujubes; écumez, faites réduire et passez. Vous pouvez utilisez le mou de veau. Consultez l'*Art d'accommoder les restes.*

Bouillon réparateur. Prenez un jarret de veau pesant au moins un kilo. Fendez-le en quatre dans sa longueur, os et chair; faites-le roussir avec quatre ognons coupés en tranches, une poignée de cresson de fontaine, et quand il est presque cuit, mouillez de trois bouteilles d'eau. Faites bouillir pendant deux heures en remplaçant l'eau qui s'en va par l'évaporation; poivrez et salez modérément.

Pilez trois vieux pigeons, vingt-cinq écrevisses vivantes, faites roussir le tout avec de bon beurre sur un feu vif, et quand vous voyez que le mélange commence à gratiner, mouillez avec votre bouillon de veau et continuez à faire bouillir pendant une heure. Passez et prenez chaque matin deux heures avant déjeuner une tasse de ce délicieux bouillon. (*Brillat-Savarin.*)

Bouillon gras pour bal ou soirée. Prenez un morceau de gîte à la noix, calculé d'après le nombre de litres de bouillon que vous voulez obtenir, ainsi, cinq kilos de bœuf pour vingt litres de bouillon, un kilo de gîte de cuisse. Coupez ce gîte en morceaux et divisez votre noix en tranches d'un centimètre d'épaisseur, mettez-les dans la marmite, excepté la moitié des tranches que vous faites roussir dans du beurre. Lorsque ces tranches ont pris une couleur brun foncé, mouillez pour détacher le jus qui adhère à la casserole et mettez le tout dans la marmite; ajoutez céleri, carottes, clous de girofle, une feuille de laurier, quelques branches de thym. Écumez ou non. Si vous ne couvrez pas la marmite, le bouillon sera aussi clair qu'en écumant.

Faites bouillir doucement pendant six heures, passez le bouillon et renouvelez l'eau de la marmite. Faites bouillir de nouveau pendant deux heures et passez ce nouveau bouillon moins fort que le premier; mais en les mêlant, on obtient un bouillon de bonne qualité.

On peut faire ce bouillon la veille, le distribuer dans plusieurs vases, après l'avoir bien dégraissé. Dans ce cas on n'opérera le mélange de deux bouillons qu'au moment de s'en servir.

Consommé. Mettez un demi-kilog. jarret de veau, un demi-kilog. jarret de bœuf, un kilog. de bœuf et une vieille poule, si vous pouvez-vous la procurer; coupez toutes ces viandes en morceaux et versez dessus quatre litres d'eau pour obtenir trois litres de consommé, carottes, céleri, clou de girofle, un peu de thym et de laurier; salez, faites bouillir pendant six heures au moins. Dégraissez et passez au tamis. Si vous ne l'employez pas immédiatement, faites-le refroidir promptement.

Mettez de nouvelle eau sur vos viandes et salez de nouveau; faites bouillir pendant deux heures et vous aurez encore un bon bouillon, surtout pour potages aux légumes, pour les purées et les jus.

Ce consommé peut servir pour le potage à la tortue; il peut servir aussi à toute espèce de sauces.

Pot-au-feu. — Potage au pain. Cette préparation très-importante pour les ménages bourgeois, offre un problème dont la solution est assez difficile : faire de bon bouillon et obtenir un bouilli mangeable. Il est certain que, si vous voulez, pour avoir un excellent potage, extraire tout le suc de la viande, il ne vous restera plus qu'un bouilli mou, insipide et d'une digestion difficile. Si au contraire vous voulez offrir un bouilli que vous puissiez diviser en belles tranches savoureuses, c'est en vain que par un caramel ou de l'oignon brûlé, vous donnerez à votre bouillon une belle couleur ; il sera peu corsé et ne vous fournira qu'un potage médiocre.

Tâchons cependant de ne pas être exclusif, de ne pas sacrifier un des produits au profit de l'autre et procédons ainsi.

Prenez un bon morceau de *gîte à la noix*, de *tranche* ou de *culotte*, mettez-le à l'eau froide dans la marmite de terre exclusivement consacrée à cet usage et salez ; mettez aussi un morceau de foie et de rate. Calculez sur à peu près un litre d'eau par livre de viande. Le feu ne doit pas être assez vif pour que l'ébullition ait lieu avant que votre pot ne soit écumé. Joignez tous les débris de viande brune que vous pouvez avoir, ainsi que les os que vous faites concasser. Enlevez l'écume à mesure qu'elle monte. Lorsque votre pot est bien écumé, ajoutez deux carottes fendues en long, un navet, un panais coupé de même, un ognon piqué de deux ou trois clous de girofle, céleri et persil en branche noués ensemble, poireaux coupés en deux ou trois morceaux, une gousse d'ail si vous le voulez.

Poussez le feu jusqu'à l'ébullition ; lorsqu'elle commence, tenez votre pot couvert, en laissant cependant d'un côté un espace pour que la vapeur puisse s'échapper. Que votre pot bouille *doucement* et *constamment* pendant quatre à cinq heures ; n'ajoutez jamais d'eau. Vers la fin de la cuisson, ajoutez une boule de suc colorant de légumes qui donnera à votre bouillon de l'arome et une belle couleur, et vous aurez un bon bouillon et un bouilli présentable. Si vous prolongez la cuisson de deux heures, votre bouillon sera plus corsé, mais votre bouilli sera un bien triste manger. Si vous l'abrégez, votre bœuf sera plus succulent, mais vous n'aurez qu'un potage de traiteur ou de grande maison, c'est-à-dire assez insipide.

Vous versez le bouillon à travers un tamis, sur des croûtes de pain et vous servirez à part les légumes en supprimant le persil, l'ail, l'ognon, etc.

Une vieille poule, une vieille perdrix, des débris de mouton ajoutent à la qualité du bouillon. Ne mettez jamais de veau.

Dans les temps chauds faites bouillir chaque jour le bouillon qui vous reste et mettez-le dans un endroit frais.

Dans l'instruction qui précède, je vous ai dit d'écumer, de couvrir la marmite, d'ajouter une pastille de caramel ou de suc de légumes. Ceci est essentiellement le pot-au-feu parisien.

Voici une autre méthode qui donne de très-bons résultats lorsqu'on ne tient pas à servir le bouilli.

Prenez du gîte de cuisse, coupez la viande en morceaux et faites concasser l'os. Faites brunir dans du beurre une tranche de bœuf de la valeur d'un bifteck, mettez le tout ensemble dans la marmite, faites bouillir sans la couvrir, ajoutez les légumes et ingrédients habituels, vous obtiendrez un bouillon très-clair, parfaitement coloré, sans le secours de ces boules et pastilles, dont la composition est un mystère pour le consommateur.

Potage au vermicelle. Faites tomber peu à peu dans du bouillon bouillant, du vermicelle concassé, en tournant avec une cuillère. Évitez qu'il ne se forme des grumeaux, laissez bouillir un quart d'heure sans couvrir la casserole.

Potage aux pâtes d'Italie. Procédez comme ci-dessus.

Potage à la semoule. Faites-la tomber dans le bouillon en pluie fine ; même procédé.

Potage au tapioca. Même procédé.

Potage au gluten. Même procédé, cuisson un peu plus prolongée.

Potage bourgeois. Mettez dans une casserole un oignon

coupé en quatre ou émincée, une tomate, un bon morceau de beurre, ou mieux de graisse de veau (page 15) salez, poivrez, faites roussir et cuire l'oignon et la tomate, en ajoutant de temps en temps de l'eau dans laquelle auront cuit des légumes, haricots verts ou blancs, chouxfleurs, même de l'eau de moules. Lorsque tout a bien mijoté et est bien cuit, passez votre bouillon, goûtez-le, ajoutez, si vous le voulez, la moitié d'une boule de suc de légumes, terminez en mettant un morceau de beurre ou de graisse, et versez votre bouillon sur des tranches de pain.

Potage au riz. On peut faire crever du riz dans la marmite du pot-au-feu, en le mettant dans une boule métallique (page 23) ou enfermé dans un linge; on y ajoute ensuite la quantité de bouillon nécessaire selon le nombre des convives.

On peut, avec la crème de riz faire d'excellents potages au bouillon ou au lait.

Le riz Crécy (page 28) offre le moyen de faire des potages gras ou maigres dans un bien court espace de temps.

Riz. Riz au gras. Lavez le riz à l'eau tiède et mettez-le dans une petite quantité d'eau ou de bouillon froid, dans la proportion d'un verre pour deux cuillerées comble de riz. Lorsque le riz est crevé, ajoutez du bouillon et faites mijoter pendant une heure et demie.

Si, comme en Italie, on aimait le riz moins cuit on le jetterait dans du bouillon bouillant et on le ferait cuire pendant une demie-heure à feu vif.

On peut mettre cuire avec, un peu de céleri coupé et frit dans du beurre.

Riz au maigre. Lorsque vous l'avez fait crever à l'eau salée, retirez-le du feu, poivrez, ajoutez un bon morceau de beurre et faites une liaison avec jaunes d'œufs.

Riz au lait. Lorsque vous l'avez fait crever dans une très-petite quantité d'eau, mettez-le dans l'eau avec un peu de laurier-amande, ajoutez-y du sucre, de l'eau de fleur d'oranger et un petit morceau de vanille, si vous l'aimez ; faites jeter quelques bouillons, mais ne laissez pas le riz se délayer en bouillie ; vous retirerez le laurier et la vanille, qui peut servir une seconde fois.

Vous pouvez faire cuire directement le riz dans le lait bouillant, après l'avoir blanchi, mais sans l'avoir fait crever.

Quelques personnes au lieu d'y mettre de la vanille, y mêlent quelques cuillerées de sauce tomate.

Potage au riz et à l'oignon. Hachez de l'ognon bien fin et faites-le roussir avec un peu de fécule; ajoutez sel et poivre, versez du lait, mettez votre riz crevé à l'eau et faites bouillir.

Si votre riz n'est pas crevé à l'avance, faites-le bouillir avec le lait et versez-y votre roux d'oignon à moitié cuisson.

Dans le cas où vous ne voudrez pas trouver dans le potage l'oignon roussi, passez votre roux avant d'y mettre le lait.

Riz à la Turque ou pilau. On met dans un vase bien clos du riz, trois fois autant d'eau, du sel, un peu de piment, de la muscade, et l'on fait bouillir sur un feu très-vif. A moitié cuisson, on peut ajouter un peu de safran délayé. Lorsque l'eau est presque entièrement évaporée, on fait, avec le manche d'une cuiller de bois, des trous dans le riz, et on y introduit du beurre bien frais. On sert le riz en pyramides.

Si on veut le faire au gras, on met le riz avec trois fois autant de bouillon ; on procède comme il vient d'être dit, et on sert quand le riz forme une espèce de gâteau, avec du bouillon gras à part.

Potages maigres avec vermicelle, semoule, pâtes d'Italie, etc. Ces potages se préparent comme ceux au gras, en substituant au bouillon du lait ou de l'eau et du beurre. On y ajoute ordinairement une liaison de jaunes d'œufs.

Potage au lait. Il peut se faire simplement en mettant bouillir du lait, en y ajoutant du sucre, de l'eau de fleur d'oranger ou un morceau de vanille; on verse sur des croûtes minces.

Si l'on veut lui donner plus de corps, on ajoute une liaison de quatre jaunes d'œufs par litre de lait, que l'on verse quand il a cessé de bouillir, en tournant toujours avec la cuiller de bois.

Potage aux amandes, dit potage à la reine. Versez de l'eau bouillante sur des amandes douces et les y laissez jusqu'à ce que la peau s'enlève facilement. Lavez-les à l'eau fraîche, et pilez-les avec les chairs qui vous resteraient d'une volaille rôtie et une quantité égale de riz cuit à l'eau. Délayez cette purée, passée au tamis, avec du bon lait ou de la crème bouillie, si vous en avez; ajoutez, au moment de servir, des croûtons que vous aurez imbibés de bon bouillon.

Panade. Faites mitonner dans de l'eau, avec du poivre et du sel, des tranches de pain, et plutôt de la croûte que de la mie. Lorsque le pain est comme fondu, ajoutez du beurre et, si vous le voulez, du lait et une liaison de jaunes d'œufs.

Autre, dite à la reine. Elle se fait avec la mie d'un pain mollet qu'on fait mijoter avec eau, sel, poivre, beurre; on passe au tamis et on lie avec des jaunes d'œufs délayés dans de la crème. Ne laissez pas bouillir et servez en ajoutant un morceau de beurre.

Potage au potiron. Otez la peau et les pepins d'un quartier de potiron que vous coupez en morceaux qui n'excèdent pas quatre centimètres, et mettez-les au feu avec de l'eau, de manière que, lorsque le potiron est arrivé à l'état de marmelade, il n'y ait plus d'excédant d'eau. Ajoutez alors du beurre et un peu de sel et faites mijoter. Ayez du lait bouillant dans lequel vous mettrez, suivant votre goût, du sucre ou du sel, et mêlez-le avec la citrouille. Versez sur des tranches de pain minces. Des personnes conservent le potiron à l'état de purée un peu claire et n'y ajoutent pas de pain.

Potage aux herbes. Hachez grossièrement oseille, laitue, cerfeuil, poirée ou romaine après les avoir lavées, vous mettrez en plus grande quantité la substance dont vous voulez que la saveur prédomine ; faites bouillir dans l'eau avec du sel. Au bout de vingt minutes, ajoutez un morceau de beurre; au moment de servir, une liaison de jaunes d'œuf; ne le laissez pas cuire, et jetez ce bouillon bien chaud sur des tranches minces de pain.

On peut ne mettre que de l'oseille, mais alors il faut d'abord la faire cuire doucement dans du beurre avec du sel et ne mouiller qu'après. Laissez jeter quelques bouillons, versez-y des jaunes d'œufs délayés dans un peu d'eau tournez toujours, versez sur le pain, couvrez la soupière et ne servez qu'au bout de quelques minutes.

Potage printanier. Faites cuire dans du bouillon des primeurs, comme pointes d'asperges, petits pois, carottes nouvelles. Ajoutez un peu de sauce tomate si vous en avez.

Quelques personnes ajoutent un morceau de sucre.

Potage aux légumes d'hiver. Coupez minces des escaroles, des poireaux, un pied de céleri; mettez-les cuire pendant une demi-heure dans du beurre que vous avez laissé un peu roussir. Mouillez de bouillon, et faites bouillir pendant trois quarts d'heure; ajoutez du riz que vous avez fait crever ou une poignée de vermicelle. Lorsqu'il est cuit, au moment de servir, ajoutez un morceau de beurre.

Potage aux pointes d'asperges. Prenez des asperges vertes et minces, de celles qu'on accommode en petits pois, ou prenez des asperges ordinaires et coupez en morceaux de deux centimètres tout ce qu'il y a est mangeable. Faites blanchir, et après les avoir égouttées, faites-les cuire dans du bouillon gras. Versez sur des croûtons frits au beurre.

Potage aux pois verts. Vous pouvez faire cuire des pois dans un bouillon à l'oseille, ou bien les faire cuire dans l'eau salée, et quand ils sont cuits, ajoutez du beurre et du sucre. Versez sur des croûtons frits dans le beurre ou sur du pain émincé.

Potage à la purée de pois verts. Faites cuire vos pois avec deux oignons roussis, procédéz comme pour potage Crécy (page 54).

Potage à la purée de légumes secs, pois, haricots, lentilles. Faites tremper à l'eau froide, pendant douze heures, vos légumes secs, mettez-les cuire avec deux oignons roussis et procédez comme pour le potage à la Crécy (page 54).

On peut faire tous ces potages presque à la minute, en employant les farines de pois, de marrons, de lentilles, de haricots, de fèves de marais, de maïs, etc.

On verse ces purées sur des croûtons frits au beurre.

Potage à la julienne. Coupez en filets minces, carottes, navets, poireaux, céleri, quelques feuilles tendres de choux; faites roussir le tout dans le beurre, mouillez de bouillon ou d'eau, salez, poivrez. Lorsque votre potage est en ébullition, vous pouvez ajouter des petits pois, de la laitue, de l'oseille, du cerfeuil hachés. Si vous avez mouillé à l'eau, ajoutez un morceau de beurre; ajoutez, si vous en avez, quelques cuillerées de sauce tomate et un morceau de sucre. On peut mêler à la julienne du riz crevé au gras.

Dans l'hiver, on se sert de julienne séchée, qu'on fait préalablement tremper pendant quelques heures et qu'on met cuire à l'eau froide.

On trouve chez les marchands de produits alimentaires de la *julienne Crécy*.

Potage à la Condé. Faites une purée de haricots rouges que vous mouillez de bouillon ou avec de l'eau de la cuisson ; versez sur des croûtons frits au beurre.

Potage à la Crécy. Faites cuire de grosses carottes rouges avec céleri, poireaux, navets, pommes de terre, le tout coupé en lames. Faites roussir deux oignons, hachez-les et joignez-les à vos légumes. Mouillez ; faites cuire pendant deux heures, de manière qu'écrasés, ces légumes puissent passer au tamis et former une purée bien égale. Mouillez encore de bouillon ou d'eau ; voyez si la purée est bien assaisonnée ; ajoutez un morceau de sucre, un morceau de beurre, et jetez votre purée sur des croûtons frits.

Potage aux pommes de terre et aux poireaux. Coupez en morceaux des pommes de terre cuites sur la cendre ou à l'eau; faites-les roussir avec des poireaux coupés en petits morceaux. Si vous le voulez, passez le bouillon pour retirer les morceaux de poireaux. Ecrasez les pommes de terre, mettez cette purée dans votre bouillon, ajoutez un morceau de beurre et versez sur des croûtons frits au beurre ou sur des tranches de pain grillées.

Potage à l'eau de choux-fleurs, de haricots, de moules, etc. Sans même réduire ces légumes en purée, on fait de bons potages avec l'eau de leur cuisson, à laquelle on ajoute du beurre et une liaison. On verse sur du pain émincé.

On laisse ordinairement dans le potage quelque peu des légumes dont on utilise l'eau.

Nous avons fait aussi de très-bons potages avec l'eau rendue par les moules qu'on avait fait ouvrir dans une casserole; il faut avoir soin de la passer au travers d'un linge.

Potage à l'oignon. Émincez des oignons, passez-les au beurre, en les remuant pour leur faire également prendre couleur; complétez votre roux avec une cuillerée de fécule. Mouillez d'eau avec sel et poivre et faites bouillir. Si vous ne voulez pas retrouver l'oignon dans votre potage, passez le bouillon, sinon, ajoutez le pain et faites mitonner.

Si, au lieu d'eau, vous mouillez avec du lait, vous aurez un potage au lait et à l'oignon.

Potage aux choux. Mettez dans la marmite un bon morceau de lard, de petit salé ou de jambon; faites bouillir pendant une heure. Ajoutez un chou, un cervelas et des légumes, comme pour un pot-au-feu; laissez cuire trois ou quatre heures; assurez-vous du degré de salaison et jetez le bouillon bouillant sur des tranches de pain.

On peut, une heure avant de servir, ajouter dans la marmite des pommes de terre épluchées.

Servez le chou et les légumes comme ils sortent de la marmite ou fricassez le chou à la graisse.

Si vous voulez avoir ce potage en maigre, supprimez les

viandes, mettez un oignon piqué de clous de girofle, navet, pommes de terre, céleri, carottes, sel et poivre.

On peut couper ce bouillon avec moitié lait.

Potage flamand. Prenez de la graisse de rôti ou de pot-au-feu et faites-la roussir; mettez-y oignons coupés, oseille hachée grossièrement; faites-les roussir; ajoutez des morceaux de pommes de terre et de l'eau.

Lorsque les pommes de terre sont en pâte, passez le tout à la passoire et faites bouillir pendant une demi-heure. Dix minutes avant de servir, ajoutez une poignée de cerfeuil haché.

Potage au fromage. Lorsqu'on aime la saveur du fromage, on peut en mettre râpé dans presque tous les potages. Dans ce cas il figure comme assaisonnement, comme accessoire. Mais dans le potage dont nous allons donner la recette, il est l'âme même de la préparation.

Ayez du bon fromage de gruyère, râpez-en une partie, coupez l'autre en tranches très-minces.

Beurrez le fond d'une soupière qui puisse aller au feu, étendez un lit mince de fromage râpé, puis une couche de tranches minces de pain, par-dessus une couche de lames de fromage. Continuez ainsi, en alternant, et terminez par une couche de fromage en tranches, sur laquelle vous mettez des morceaux de beurre. Entre chaque couche saupoudrez d'un peu de poivre, si vous l'aimez. Mouillez alors avec du bouillon maigre ou gras. Faites mitonner jusqu'à ce que tout le bouillon paraisse absorbé. Remettez alors assez de bouillon pour ramener à la consistance de potage un peu épais, et servez chaud.

Si vous n'avez pas de bouillon gras, mouillez avec de l'eau dans laquelle vous aurez fait bouillir des oignons roussis.

Si au fromage de gruyère vous mêlez un quart de parmesan râpé, il se fondra mieux dans le bouillon.

Potage au macaroni. Il peut se faire comme le potage au fromage, en substituant des couches de macaroni aux lits de pain.

Il sera mieux, dans ce cas, de mettre pour fromage râpé

moitié gruyère et moitié parmesan, et de ne se servir que de bouillon gras.

Beaucoup de personnes se contentent de faire bouillir le macaroni dans du bouillon et d'ajouter du fromage râpé.

En France, généralement on fait trop cuire le macaroni ; on le mange pâteux.

Potage aux nouilles. Mettez-les dans du bouillon gras bouillant, comme pour les autres pâtes. Celle-ci demande à cuire un peu plus longtemps.

Du fromage râpé fait un très-bon effet dans ce potage.

Potage de tête de veau en tortue ou mock-turtle. Bien que ce potage soit un peu en dehors de la cuisine bourgeoise, nous allons cependant indiquer la manière de le préparer pour les circonstances où l'on désirerait offrir un dîner avec un peu de cérémonie.

Faites cuire une moitié de tête de veau, ou achetez un morceau de tête de veau cuite, couvert de la peau ; coupez-le en petits dés.

Vous avez préparé un jus un peu épais (page 34), mouillez-le avec le bouillon de cuisson de la tête de veau. Si ce bouillon n'avait pas été bien épicé, il faudrait mettre thym, basilic, oignons, laurier, clous de girofle et poivre de Cayenne. Faites bouillir pendant un quart d'heure; retirez les assaisonnements, si vous en avez mis. La sauce étant un peu épaisse, ajoutez champignons passés au beurre, quelques tranches de truffes, des morilles, des quenelles, si vous pouvez en avoir, deux verres de madère, un jus de citron. Le goût des morilles et du madère doit dominer.

Prenez autant de bols qu'il y a de convives, placez au fond de chacun un œuf dur, versez du bouillon bien chaud en distribuant à chaque bol la tête de veau, les champignons, les morilles, etc.

Ce bouillon peut être réchauffé. On y ajoute à chaque fois un verre de madère et on lui fait jeter quelques bouillons.

Potage à l'huile. Les personnes qui veulent s'abstenir

de beurre dans la semaine sainte, peuvent faire le potage suivant.

Faites bouillir des gousses d'ail avec de la sariette, et versez le bouillon sur des tranches de pain imbibées d'excellente huile et placées au fond d'une soupière, saupoudrées de sel et de gros poivre.

Si vous n'aimez pas l'ail, faites roussir dans l'huile des oignons hachés, de l'oseille ou du céleri coupé en morceaux. Salez, poivrez et mouillez d'eau ou de bouillon de poisson (page 45).

Bouillabaisse. Prenez plusieurs sortes de poissons, merlans, vives, brêmes, carpes, dorades, videz-les, nettoyez-les bien et coupez-les par morceaux. Ayez une ou deux douzaines de moules que vous séparerez de leurs écailles, oignons coupés en quartiers, tomates en morceaux, feuilles de laurier, zestes d'orange et de citron, clous de girofle, persil haché, du sel, du poivre, et, si vous aimez ce goût, un peu de safran Mettez le tout dans un poêlon, et avec une quantité égale de très-bonne huile et de vin blanc, auxquels vous ajoutez de l'eau, pour que tout soit recouvert.

Faites partir sur un feu vif et laissez bouillir une demi-heure au moins.

Enlevez le poisson avec une écumoire.

Dressez-le sur des croûtes de pain passées à l'huile et versez dessus votre cuisson à travers la passoire.

On peut servir le poisson à part.

BŒUF.

Sauce pour accompagner le bœuf rôti : aloyau, filet, rosbif, etc. Faites un petit roux que vous mouillez avec du bouillon et avec le jus de la cuisson, auquel vous ajoutez sel, poivre, échalotes, persil, cornichons hachés menu et filet de vinaigre.

Si vous avez fait mariner votre viande, vous aurez dû

l'arroser avec son jus et une partie de la marinade ; c'est avec cela que vous mouillerez votre roux.

Bœuf. Voici les noms sous lesquels on désigne les principaux morceaux du bœuf : l'épaule, morceau peu estimé qu'on appelle *palercn;* puis viennent les *côtes découvertes,* et après les *côtes couvertes ;* au-dessous, du côté de la poitrine, se trouve le *gras de poitrine* ou *tendons*, suivi de la *bavette* d'aloyau ; celle-ci est sous la partie qui vient après les côtes et qu'on nomme *faux filet.* En suivant l'épine dorsale, vous avez l'*aloyau ;* dessous et plus à l'intérieur, se trouve le *filet* ; le morceau qui suit l'épine dorsale jusqu'à la naissance de la queue est la *culotte*, et plus bas le *gîte à la noix,* au-dessous duquel se trouve la *tranche.* Enfin, la partie inférieure de la cuisse jusqu'au jarret se nomme le *gîte de cuisse.*

On a donné, d'après les Anglais, le nom de *rumpsteaks* à la partie charnue de la culotte et de la tranche jusqu'à la queue, dans laquelle ils font d'immenses *rostifs.*

Bœuf bouilli. Les morceaux que l'on prend généralement pour faire le pot-au-feu proviennent du train de derrière de l'animal. La *tranche*, la *culotte*, le tendre de *tranche*, le *gîte à la noix.* Avec ces divers morceaux, on peut avoir de bon bouillon et du bœuf bouilli présentable. On le sert avec un entourage de persil, et on peut l'accompagner d'une *sauce tomate* servie à part, etc.

Si vous prenez du gîte de cuisse, qui donne d'excellent bouillon, ne servez pas le bœuf bouilli ; c'est un morceau qui n'est pas présentable.

La desserte du bœuf bouilli peut s'accommoder de beaucoup de manières, car on a cherché tous les moyens d'en dissimuler l'insipidité et de le rendre digérable.

On peut d'abord le servir avec presque toutes *les sauces,* sauce tomate, rémolade, piquante, Robert, etc. On le coupe en belles tranches, que l'on fait seulement réchauffer quand la sauce est confectionnée. Préférez les sauces brunes et bien relevées.

On l'accompagne aussi de *purées* de légumes frais ou secs (page 138).

A déjeuner, on peut en assaisonner de petites tranches minces en *salade* ou vinaigrette, et, pour rendre cette préparation plus appétissante, on y ajoute des filets d'anchois ou de harengs saurs (page 30), des cornichons coupés en tranches, cerfeuil, ciboule, estragon, pimprenelle hachés.

Bouilli au gratin. Mettez sur un plat qui aille au feu un morceau de beurre assez gros pour que vos tranches de bouilli puissent s'en bien imbiber ; saupoudrez de chapelure, de poivre, de sel, d'épices et de persil haché ; posez vos tranches de bœuf, placez dessus quelques petits morceaux de beurre et saupoudrez-les de chapelure et des mêmes assaisonnements. Placez votre plat sur un feu doux et mettez dessus un couvercle de tôle à rebords, avec de la braise bien enflammée ; laissez gratiner. Vous pouvez mettre au fond du plat moins de beurre et un peu de bouillon.

Si vous ajoutez à votre assaisonnement des champignons hachés, un peu de vin blanc ou un verre d'eau-de-vie ou de chartreuse, vous aurez un plat agréable, la *sauce faisant passer le poisson.*

Bouilli en hachis. Vous le hachez avec de la chair à saucisse, et vous y incorporez les mêmes ingrédients et les mêmes assaisonnements qne dans la farce à la viande, et vous faites cuire dans un roux mouillé de bouillon.

Boulettes de hachis. Vous pouvez, avec une partie de votre hachis, former des boulettes que vous roulez dans la farine ou dans la chapelure (ceci n'est pas indispensable), et vous les faites frire dans une friture qui n'est pas trop chaude. Vous les retirez quand la surface est croustillante.

Vous pouvez mouiller de la mie de pain avec du lait bouillant, au lieu de bouillon. On peut encore supprimer la mie de pain et pétrir le hachis avec de la cervelle cuite ou hachée. Dans ce cas, vous ne les mettez pas frire dans la graisse, mais vous les faites dorer dans du beurre.

Ces boulettes pouvant se garder plusieurs jours, on les mange successivement avec une sauce tomate, piquante, etc., ou avec un roux blond et des marrons rôtis.

Gâteau de hachis. Amalgamez à votre hachis un ou

deux blancs d'œufs battus (pas de jaune) et assaisonnez; mettez sous le four de campagne, et servez sur une sauce tomate ou piquante.

Miroton. Coupez quelques gros oignons en tranches minces et faites-les revenir dans une casserole, avec du beurre ou de bonne graisse, jusqu'à ce qu'ils soient presque cuits. Ajoutez de la farine en quantité suffisante pour qu'elle absorbe presque tout votre beurre, et tournez toujours pour qu'elle se mêle bien aux oignons ; mouillez de bouillon et de vin blanc, suivant la quantité d'oignons que vous avez, de manière à avoir une marmelade un peu claire. Ajoutez bouquet de persil, sel, poivre; remuez toujours pendant que vous mouillez, et, quand tout est bien amalgamé, laissez mijoter doucement. Quand vous n'avez plus qu'une espèce de purée d'oignon, retirez le bouquet et mettez vos tranches minces de bœuf ; laissez encore quelque temps sur le feu pour qu'elles prennent goût. Si vous n'avez pas employé de vin blanc, ajoutez un filet de vinaigre.

Servez en même temps de la moutarde, quelques personnes en délayent dans le miroton.

Manières diverses. On peut accommoder le bouilli à *la maître-d'hôtel*, en *beefsteaks*, en *papillotes*, en *gibelotte*, en *matelote*, etc.

Voyez *l'Art d'accommoder les restes* ; j'ai, dans ce petit livre, donné vingt-trois manières de servir le bœuf bouilli.

Rosbif. On prend ordinairement une partie de l'aloyau sans le filet ou un morceau des reins de l'animal, qu'on désigne sous le nom de *rump steaks*.

On peut le faire mariner pendant quelques heures avant de l'embrocher et après l'avoir paré.

On le met devant un feu ardent, ou on le fait cuire au four ; dans l'un et l'autre cas, ayez soin de l'arroser, et, si vous l'avez fait mariner, arrosez-le avec une partie de la marinade.

Servez-le avec le jus de la cuisson à part, dans une saucière ou avec une sauce de haut goût, dans laquelle vous faites entrer le jus et la marinade. Une sauce tomate l'accompagne également bien.

Si vous l'enveloppiez d'un papier heurré pour le faire cuire, il faudrait y joindre de sa marinade.

Aloyau à la broche (*Rôt* ou *relevé*). L'aloyau est le morceau qui se trouve sous l'épine dorsale, vers le milieu de l'animal, après la première côte, et qui contient le filet.

Si vous le prenez tout entier, ficelez-le en repliant le filet au centre du morceau, auquel vous donnez une forme bombée, après l'avoir paré. Faites-le cuire à la broche, le saisissant d'abord par un feu ardent et en l'arrosant.

Le temps de la cuisson varie suivant la grosseur du morceau. Généralement, il suffit d'une heure et demie.

On le sert avec le jus dans une saucière, ou avec une sauce bien assaisonnée.

Quelques personnes le piquent de gros lardons assaisonnés. D'autres le font mariner pendant vingt-quatre heures avant de l'embrocher; chacun, à cet égard, consulte son goût.

Dans les rôtis de broche, comme il est bon d'arroser dès le commencement, on mettra dans la lèchefrite du beurre et un peu d'eau, avec sel et gros poivre.

Filet d'aloyau à la broche (*Rôt*). La meilleure manière de le manger est de le faire rôtir à la broche. On commence par le parer, puis on pique l'une des surfaces de petits lardons. On recouvre la partie lardée d'un papier, et on le fait cuire à la broche devant un feu d'abord très-vif; on a soin de l'arroser souvent. Un peu avant de débrocher, enlevez le papier et servez avec le jus, auquel on ajoute un filet de vinaigre et une échalote hachée, sel et poivre, ou bien avec une des sauces indiquées et qui vous conviendra le mieux.

On le fait souvent mariner pendant douze heures avant la cuisson, dans une marinade à base d'huile (page 33).

Filet braisé au jus (*Entrée*). Vous parez votre filet, c'est-à-dire que vous supprimez la peau qui le recouvre, les nerfs, ainsi que le bout le plus mince. Vous le lardez ou le piquez.

Arrangez-le en couronne en attachant ensemble les deux bouts, ou roulez-le en le ficelant.

Faites-le cuire dans une braise (page 19). Quand il est cuit, retirez la ficelle, passez votre jus au tamis, dégraissez s'il est nécessaire, et arrosez-en votre filet.

Nous avons donné des préparations de *filet braisé*, parce qu'elles peuvent convenir à quelques personnes ; mais, d'après notre propre expérience, nous ne recommanderons nullement cette manière d'accommoder le filet, qui ne peut qu'y perdre les qualités qui le distinguent des autres morceaux de bœuf.

La meilleure manière de savourer l'excellence d'un filet, est de le manger rôti ou grillé, avec une sauce dont le jus du filet est la base, et à laquelle on ajoute ou des champignons, ou des truffes, de l'eau-de-vie, du madère et des condiments.

Filet braisé aux légumes (*Entrée*). On le fait cuire comme il est indiqué à l'article *filet braisé*, puis on fait avec le fond de la cuisson une sauce avec deux verres de bouillon qu'on fait bouillir. On verse ensuite de la farine bien délayée dans de l'eau et sans grumeaux ; on tourne pendant qu'on verse cette bouillie claire, pour donner à la sauce la consistance nécessaire ; lorsqu'elle a cuit pendant un quart d'heure, on la passe et on y ajoute une goutte de caramel. Faites-lui jeter encore quelques bouillons ; réduisez, s'il est nécessaire, et mettez-y mijoter le filet que vous avez tenu chaud, avec carottes, oignons, etc., que vous avez fait cuire. Cinq minutes après, dressez votre plat en garnissant votre filet de légumes, et saucez le tout.

Si vous avez trop de sauce et de légumes, servez le restant dans une saucière.

Filet braisé sauce tomate (*Entrée*). Faites cuire le *filet braisé au jus* ; ayez une sauce tomate, dans laquelle vous mêlez le jus de la cuisson, et saucez-en votre filet lorsque vous l'avez dressé.

Vous pouvez saucer le filet avec un peu de son jus et servir la sauce tomate à part.

Filet braisé à la Soubise (*Entrée*). Préparez et faites cuire votre filet comme *filet braisé au jus*, et servez-le sur une purée *Soubise* ou purée d'oignons; recouvrez votre filet d'une partie de son jus et servez le reste de votre purée à part.

Filet braisé au madère (*Entrée*). Mettez un petit verre de madère dans le jus de la cuisson, ajoutez une noix de beurre maniée de farine, faites bien lier toute la sauce en tournant avec une cuiller de bois. Donnez-lui la consistance nécessaire, ajoutez une goutte de caramel, mettez-y le filet que vous avez braisé et que vous avez tenu chaud. Dressez le filet et couvrez-le de la sauce passée au tamis.

Filet de bœuf à la chicorée (*Entrée*). Coupez la desserte d'un filet en petites tranches minces, que vous faites réchauffer seulement dans du jus ou du bouillon. Servez-les sur un ragoût de chicorée au gras.

Filet de bœuf aux croûtons (*Entrée*). Tandis qu'il réchauffe comme nous venons de l'indiquer, préparez des croûtons dans le beurre de la grandeur de vos tranches. Dressez en couronne sur un plat chaud, en plaçant alternativement une tranche de filet et un croûton. Mettez au milieu du plat un fort morceau de beurre manié de persil ou de fines herbes. Versez sur votre couronne un peu de jus; ajoutez des câpres, si vous le voulez.

Filet à sauces diverses (*Entrée*). Aux cornichons, piquante, aux champignons, au macaroni, etc. C'est toujours le filet, d'abord *braisé au jus*, qu'on accompagne d'une des sauces désignées, que l'on combine avec tout ou partie du jus de la cuisson, qu'on lie soit avec un morceau de beurre manié de farine, soit en ajoutant une ou deux cuillerées de bouillie claire de farine bien délayée dans de l'eau.

Filet sauté. Parez et aplatissez votre filet, de manière qu'il n'ait plus guère qu'un gros doigt d'épaisseur; laissez la graisse qu'il pourrait y avoir. Mettez dans le *sautoir* ou casserole à bords peu élevés, du beurre ou de la graisse de veau (page 15) gros comme une noix; lorsqu'il est chaud, mettez votre bœuf, faites-le roidir des deux côtés, en le retournant de temps en temps. Lorsqu'il est ferme sous le doigt, il est cuit. Servez-le sur un plat chaud, dans son jus, ou avec une des garnitures indiquées pour le *bifteck* ou le *filet braisé sauce piquante*, aux *champignons*, à la *maître-d'hôtel*, etc.

Filet sauté au madère. Lorsque vous l'avez fait cuire comme il vient d'être dit, mettez-le à part en le tenant chaudement. Dans la moitié du beurre de la cuisson, mettez un verre à madère plein, et du jus si vous en avez, ou, à défaut, un petit roux fait avec l'autre moitié de la cuisson. Faites bouillir pendant quelques minutes en tournant, et éclaircissez cette sauce avec un peu de beurre, s'il est nécessaire, ou avec du bouillon ; ajoutez un peu de caramel, faites jeter quelques bouillons et versez sur votre filet.

Filet sauté dans sa glace. Procédez comme pour le filet *au madère*, et, lorsque vous avez retiré votre filet, que vous tiendrez chaudement, vous mettrez dans la moitié du beurre de la cuisson deux ou trois cuillerées de jus ou de bouillon. Faites réduire de moitié ; dans cette sauce bien chaude, mais hors du feu, faites fondre un tout petit morceau de beurre, ajoutez une goutte de caramel et saucez votre filet.

Biftecks et mieux **beefsteaks** (*Entrée*). Le filet est le morceau avec lequel on fait les meilleurs biftecks, puis vient après le faux filet, l'aloyau ; mais comme souvent, sur un gros morceau de bœuf acheté, on veut lever quelques tranches pour en faire des biftecks, on aura soin de les saupoudrer de sel et de gros poivre, après les avoir parés, de les battre pour les attendrir.

Quelques personnes les trempent dans du beurre ou les frottent d'huile.

On les met sur le gril et on les fait saisir des deux côtés par un feu vif, qu'on ralentit pendant la dernière partie de la cuisson.

On connaît qu'il est cuit, lorsqu'il en sort des gouttelettes de jus et qu'il est ferme sous le doigt.

A défaut d'un feu convenable pour faire *griller*, on peut

faire *cuire* les biftecks à la poêle ou à la casserole, dans laquelle on met un petit morceau de beurre, et quand il est bien chaud, on y met le bifteck qu'on fait roidir d'un côté et qu'ensuite on retourne. Lorsque sur les deux faces il est ferme sous le doigt, servez-le bien chaud, comme un bifteck grillé.

Bifteck à la maître-d'hôtel (*Entrée*). On met, sur un plat un peu chauffé, un morceau de beurre pétri de persil haché menu avec une feuille d'oseille, sel et poivre. On pose le bifteck dessus en appuyant, puis on le retourne.

Châteaubriant (*Entrée*). Donnez à un bifteck trois fois son épaisseur ordinaire, trois doigts à peu près, modérez le feu et retournez-le de temps en temps, afin qu'il cuise également à l'intérieur, qui doit être rose et bien juteux.

Toutes les manières d'accomoder le *bifteck* s'appliquent au Châteaubriant.

Bifteck. *Au beurre d'anchois, au cresson, aux pommes de terre frites, à la purée de pomme de terre, aux pommes de terre sautées, à la sauce tomate, à la jardinière*, etc. (Voyez ces différents articles.)

Vous parez et battez votre bifteck comme il a été dit, vous le faites griller, et vous le servez avec l'une des préparations susénoncées; si c'est une purée ou un beurre, servez-le dessus, si la garniture est un objet non liquide, disposez-la autour.

Entre-côte. Le meilleur morceau pour l'entre-côte est celui qui se trouve sous le paleron. Les entre-côtes s'accommodent braisées, sautées ou grillées; dans le premier cas, il est bon de leur faire prendre d'abord couleur des deux côtés dans du beurre.

Ayez toujours soin de les aplatir et même de les battre pour les attendrir, puis de les passer au beurre ou de les frotter d'huile.

Entre-côte braisée. Faites-la revenir avec des dés de lard de poitrine, et faites-la cuire dans une braise. Commencez par la désosser et l'amortir; un verre de rhum ou de madère lui donne une saveur très-agréable; dégraissez.

Entre-côte sur le gril. Après l'avoir parée et aplatie

de manière qu'il ne reste que l'os de la côte, dont vous décharnez le petit bout, faites-en des morceaux de trois ou quatre centimètres d'épaisseur, que vous huilez ou trempez dans le beurre ; salez et poivrez; faites cuire sur le gril à feu vif pendant une demi-heure ou trois quarts d'heure, selon l'épaisseur. Servez sur un plat chaud où vous aurez mis un morceau de beurre manié de persil, ou versez sur vos tranches une sauce d'un goût relevé.

Vous pouvez aussi l'entourer de vitelottes rôties au beurre, de cornichons, de cresson; la servir sur un beurre d'anchois, sur une sauce tomate, piquante, sur des purées, l'accompagner enfin de toutes les préparations indiquées pour les filets et les biftecks.

Entre-côte aux champignons. Désossez votre entre-côte et traitez-la comme le filet aux champignons (p. 64).

Entre-côte aux olives. Même préparation que la précédente, en substituant les olives aux champignons.

Bœuf à la mode ou en daube (*Entrée*). Prenez un beau morceau de la cuisse, traversez-le de lardons marinés ou roulés dans un mélange de sel et de gros poivre; mettez dans la marmite ou la casserole les mêmes ingrédients que pour une braise; jarret de veau, couenne de lard, vin blanc ou rouge, eau-de-vie; faites bouillir et écumer, couvrez votre feu et laissez mijoter pendant six heures. Retirez le morceau que vous tenez chaudement, faites réduire la sauce, ajoutez une goutte de caramel, goûtez-la, retirez les ingrédients qui ne doivent pas être servis et versez tout le reste, y compris la couenne, sur votre bœuf.

Pour *la daube*, il faut retourner deux ou trois fois le morceau pendant la cuisson et activer uu peu plus le feu que pour le bœuf à la mode, pour qu'à la fin de la cuisson la sauce soit réduite presque au quart; si elle était trop longue, faites-la réduire à feu vif. Vous supprimez le bouquet, les oignons; garnissez avec les légumes et la sauce.

Ce plat, qui se sert souvent froid, doit avoir alors sa sauce en gelée.

Culotte de bœuf aux oignons (*Entrée*). Désossez-la et faites la cuire dans une bonne braise; à la moitié de la cuisson, ajoutez vingt ou vingt-cinq oignons; quand le tout est cuit, dressez avec les oignons autour et saucez, après avoir passé et dégraissé votre jus.

On pourrait faire glacer séparément des oignons, auxquels on ajouterait la cuisson du bœuf, et on servirait en entourant la viande avec les oignons, et en sauçant le tout du jus de dessous les oignons.

Grillade de bœuf en caisse. Prenez des tranches de bœuf à peu près larges comme la main et épaisses de deux centimètres. Faites-les mariner dans un peu d'huile, en mettant, au-dessus et au-dessous, persil, ciboules, échalotes hachées, thym et poivre; faites-les bien revenir dans une casserole. Lorsqu'elles sont presque cuites, mettez-les avec leur assaisonnement, dans une caisse de papier, bien huilée ou beurrée, et placez-les sur le gril à feu doux, saupoudrez de chapelure et de sel. Couvrez votre caisse d'un papier, achevez la cuisson et servez dans la caisse, en ajoutant une filet de vinaigre.

Langue de bœuf fumée. Quelques bouchers savent la préparer, mais on en trouve chez tous les marchands de comestibles. On la fait tremper vingt-quatre heures, puis on la fait bouillir à grande eau pendant cinq heures au moins, avec deux ou trois oignons, clous de girofle, un peu de thym et de laurier. Laissez-la refroidir dans la cuisson et goûtez-la. Elle se mange froide ordinairement à déjeuner.

Langue de bœuf braisée. Poivrez-la, faites-la dégorger, en la mettant à l'eau froide et en la faisant bouillir pendant cinq minutes; rafraîchissez-la ensuite dans l'eau froide. Faites-la cuire dans une braise, enlevez la peau et servez-la avec une sauce à votre goût, mais bien relevée.

Ayez soin qu'elle ne cuise pas trop, car alors elle est molle, flasque et peu agréable à manger. Il est évident que la langue d'un jeune bœuf exige moins de temps, deux heures au plus.

Langue de bœuf à la sauce. Après l'avoir parée et nettoyée comme il a été dit ci-dessus, faites-la cuire dans le pot-au-feu, elle donnera un fort bon bouillon. Lorsqu'elle sera cuite, retirez-la, enlevez la peau, fendez-la dans le sens longitudinal, et servez-la sur une sauce bien relevée, telle que *sauce piquante*, aux *câpres*, *poivrade*, *tomate*, etc.

Langue de bœuf au gratin. Préparez une langue et faites-la cuire comme il a été indiqué, enlevez la peau, laissez-la refroidir et coupez-la par tranches; imbibez de bouillon la mie d'un pain mollet et pilez-la avec persil, ciboule, estragon hachés fin, câpres; mettez-y même un anchois ou un peu de pâte d'anchois, mettez du beurre et pilez encore, garnissez d'une partie de cette farce le fond d'un plat allant au feu, disposez sur cette couche vos tranches de langue que vous recouvrez également de farce, faites-en même deux lits, si votre plat est petit, mais que la dernière couche soit de la farce; arrosez le tout de beurre fondu et de bouillon. Feu dessus et dessous et laissez gratiner.

Rognon de bœuf sauté. Coupez-le d'abord en gros morceaux pour pouvoir enlever la graisse qu'il renferme, puis coupez-le en tranches minces comme une pièce de cinquante centimes. Prenez une casserole appelée sautoire, mettez-y roussir un bon morceau de beurre; lorsqu'il commence à prendre couleur, mettez-y d'abord les rognons que vous faites saisir et que vous remuez, pour qu'ils soient tous également soumis à l'action du beurre chaud; ajoutez poivre, sel, un peu de farine, persil haché, un peu de bouillon, liez bien le tout, ne laissez pas bouillir, et au moment de servir, ajoutez un peu de jus de citron.

Rognon de bœuf sauté au vin de Champagne. Le champagne perdrait tout son bouquet en étant mêlé à des ragoûts, ainsi donc, lorsque votre rognon aura été paré, nettoyé, rafraîchi, coupé en morceaux, comme il vient d'être dit, faites-le cuire de la même manière; terminez en y ajoutant un petit verre d'eau-de-vie ou de chartreuse et du jus de citron.

Palais de bœuf. Quelle que soit la manière dont vous vouliez les accommoder, il faut toujours les faire dégorger et blanchir, pour pouvoir enlever la peau ; cependant, si vous les mettez cuire avec *le pot-au-feu*, faites-les dégorger seulement.

Comme pour les *queues*, il est assez difficile de préciser le temps nécessaire pour la cuisson, il dépend de l'âge de l'animal, il faut tâcher de ne pas lier ensemble des palais provenant d'animaux jeunes et vieux; dans tous les cas, on reconnaîtra que les palais sont cuits lorsqu'ils sont tendres. Le palais de bœuf est par lui-même un mets peu savoureux, il n'acquiert de goût que celui que lui communique la préparation à laquelle on l'accommode.

Palais de bœuf en coquilles. Lorsqu'ils sont cuits, coupez-les en petit dés et mêlez-les à une sauce aux champignons hachés, que vous avez fait réduire et liez avec deux jaunes d'œufs, persil haché, beurre et jus de citron, tournez pour mêler bien le tout ; versez ce ragoût dans des vases ayant la forme de coquilles ou dans des coquilles véritables, couvrez de mie de pain et de beurre frais, et mettez-les pendant un quart d'heure au four.

Palais de bœuf à la poulette. Lorsqu'ils sont cuits, coupez les en morceaux. Faites une sauce, avec un peu de sauce liée (page 35), que vous faites réduire, et ajoutez beurre, champignons, avec le beurre dans lequel on les a fait revenir et persil haché; quand le tout est bien chaud, mettez-y vos palais, liez avec deux ou trois jaunes d'œufs, tournez encore sur le feu, ajoutez du beurre, s'il est nécessaire, jus de citron, et servez.

Si vous n'avez pas de sauce liée, faites un roux blond ayant assez de consistance pour que l'eau des champignons ne fasse pas une sauce trop claire.

Sauces diverses. Le palais de bœuf peut être accompagné de toute autre sauce qui relèvera l'insipidité de cette viande.

Cervelle de bœuf en matelote. Après l'avoir nettoyée et fait dégorger, traitez-la comme la cervelle de veau (page 81).

Cervelle au beurre noir. Agissez comme pour la cervelle de veau (page 82).

Cervelle de bœuf frite. Procédez comme pour la cervelle de veau (page 81).

La cervelle de bœuf est bien moins délicate que celle e veau, et on ne la sert guère quand on a des convives.

Côte de bœuf. Parez-la, battez-la et mettez-la sur le ril ou dans une braise.

Elle peut s'accommoder comme l'entre-côte ou le bifteck. Voyez les diverses préparations de ces deux articles.

Foie de bœuf. Coupez-le par tranches minces, saupoudrez-les de poivre et de sel et mettez-les sur le gril, ne les laissez pas racornir. Servez-les sur un plat chaud avec des morceaux de beurre maniés de persil sous chaque tranche ou entre deux tranches, si vous en mettez deux couches. Ce mets est peu délicat.

VEAU.

Veau. La plus belle pièce du veau est le morceau qui sous une même enveloppe de viande, renferme la noix, le filet et le rognon, mais souvent on sépare ces diverses parties et on sert le rognon enroulé dans une bande de viande qu'on appelle le *carré* ou *longe* qu'on lie avec une ficelle.

Longe de veau rôti. Il faut l'envelopper de papier beurré, l'assujettir sur la broche au moyen d'hâtelets et la faire cuire sans que le feu soit trop ardent, car il faut que l'intérieur soit bien cuit, sans que la surface soit desséchée.

Faitez ôter la côte sous le rognon et un autre os qui est à l'extrémité.

Carré et noix de veau à la bourgeoise. Lardez avec du lard assaisonné; foncez une huguenote avec des bardes de lard, couvrez votre viande avec des tranches d'oignons et de carottes, ajoutez un peu d'eau-de-vie; couvrez d'un rond de papier et d'un couvercle qui ferme bien, et faites cuire à petit feu.

Vous pouvez servir chaud avec la sauce ou le manger froid.

Carré de veau à la broche, aux fines herbes. Parez votre carré et lardez-le entièrement, faites-le mariner pendant trois heures dans une marinade à base d'huile, mais bien assaisonnée et avec fines herbes hachées. Embrochez et enveloppez avec tout son assaisonnement dans du papier beurré. Faites un feu modéré et la cuisson faite, ôtez le papier; réunissez les petites herbes qui se sont attachées à la viande et au papier et mettez-les dans une casserole avec un peu de jus, beurre manié de farine, filet de vinaigre, sel et poivre. Faites lier et servez sur cette sauce.

Veau dans son jus. Piquez une noix de veau et mettez-la dans une casserole avec un fort morceau de beurre, qu'elle se dore bien; mouillez d'un peu d'eau, salez, poivrez, une demi-feuille de laurier.

Au bout de quatre heures d'une cuisson à petit feu, dégraissez la sauce que vous liez avec de la fécule et servez.

Vous pouvez servir dans son jus ou sur une sauce tomate, purée, d'oseille, etc.

Veau en blanquette (*Entrée*). On accommode ordinairement ainsi ce qui reste d'un morceau de veau rôti que l'on coupe en tranches minces et qu'on fait réchauffer doucement dans une *sauce blanquette* pendant 10 minutes.

Si vous préparez des morceaux de poitrine qui n'auraient pas été cuits, c'est alors dans la blanquette qu'il faut les faire cuire (page 36)

On peut les faire revenir avant dans du beurre.

Fricandeau. Parez votre noix de veau, lardez l'intérieur de gros lardons et piquez finement l'extérieur; faites un jus (page 34) et placez-y votre fricandeau; mouillez de bouillon et arrosez de temps en temps avec la cuisson; quand elle est achevée, c'est-à-dire au bout de deux heures ou deux heures et demie, passez la sauce, dégraissez-la, et faites-la réduire à l'état de glace; placez-y le fricandeau du côté finement lardé; quand il a pris couleur, détachez du fond de la casserole cette glace au moyen d'un peu de bouillon et servez le fricandeau sur votre sauce, à moins que vous n'en assaisonniez une farce, une purée ou un ragoût qui servira de lit à votre fricandeau. Si vous ne faites pas votre jus séparément, il faudra cuire votre viande avec oignons, carottes, bouquet garni, clou de girofle, bouillon.

Côtelettes de veau au naturel. Saupoudrez-les de poivre et de sel, trempez-les dans du beurre fondu et mettez-les griller en les retournant et en les arrosant avec le reste du beurre. Servez-les ainsi ou sur une sauce piquante.

Côtelettes de veau panées. Après les avoir passées au beurre tiède, panez-les et faites-les griller.

Côtelettes de veau en papillotes (*Entrée*). Garnissez les deux côtés d'une farce, enveloppez-les d'un papier beurré ou huilé, faites cuire sur le gril à petit feu, servez avec le papier.

Quelques personnes les font préalablement mariner dans un peu d'huile, pendant un jour. On se plaint généralement que lorsqu'on sert les côtelettes l'assaisonnement reste après le papier; pour éviter cet inconvénient, ce qui n'est pas très facile, voici divers moyens qui, nous l'avouons, sont quelquefois inefficaces. 1° Beurrer ou huiler abondamment le papier épais; 2° faire chauffer préalablement le gril presque jusqu'au rouge; 3° placer entre le papier et l'assaisonnement des tranches extrêmement minces de lard gras ou une toilette.

Côtelettes de veau aux fines herbes. Mettez dans du beurre qui fond, sel, poivre, épices et faites-y sauter les côtelettes; mettez sur l'un des côtés fines herbes et champignons hachés, faites cuire, retournez-les et faites cuire l'autre côté avec la même garniture; lorsque la cuisson est achevée ajoutez du jus de citron, rangez les côtelette en couronne, l'assaisonnement au milieu.

Côtelettes sautées au naturel. Parez vos côtelettes et tenez-les plutôt épaisses que trop minces; saupoudrez-les de sel et de poivre, faites-leur prendre couleur des deux côtés, dans du beurre chaud, en évitant de les laisser attacher; ôtez les côtelettes, faites un roux dans la casserole avec le beurre de la cuisson; mouillez d'un peu d'eau ou de bouillon, ajoutez du jus de citron, saucez vos côtelettes.

Côtelettes sautées aux champignons. Même procédé, au moment de servir ajoutez dans la sauce des champignons passés au beurre avec leur jus et persil haché.

Côtelettes aux truffes. Au lieu des champignons mettez de petits morceaux de truffes, du madère, supprimez le persil et même le citron si vous le voulez.

Les côtelettes étant sautées comme nous l'avons indiqué, peuvent se servir avec beaucoup d'autres sauces, brunes, piquantes ou sur des purées.

Côtelettes au macaroni. Vous leur faites prendre couleur des deux côtés, comme il a été dit et vous ajoutez un peu de bouillon, faites-les mijoter pendant un quart d'heure bien couvertes ou sous le four de campagne.

Dressez vos côtelettes en couronne, versez au milieu un macaroni et arrosez le tout avec le jus des côtelettes.

Pieds de veau. On s'en sert pour faire des gelées et comme alors on en extrait toute la gélatine qu'il contient il n'est plus bon à être servi.

On l'emploie aussi dans les braises, dans les daubes, dont il fait congeler le jus.

Quand on veut en faire un plat, il faut alors les bien laver et les faire cuire à grande eau, avec sel, gros poivre, thym, laurier, ail, oignon, bouquet garni. On les égoutte et on les prépare comme nous allons l'indiquer.

Pieds de veau au naturel (*Entrée*). Il faut après les avoir fait cuire, les servir bien chauds, avec sel, gros poivre, vinaigre et fines herbes.

Pieds de veau à la poulette (*Entrée*). On commence par les faire cuire, on les coupe par morceaux et on les traite comme une fricassée de poulet. Voyez *Sauce poulette* (page 36).

Pieds de veau frits (*Entrée*). Faites-les mariner après les avoir fait cuire; égouttez-les bien, trempez-les dans la pâte bien assaisonnée, et faites frire. Servez avec du persil frit.

Pieds de veau à la Sainte-Ménehould (*Entrée*). Lorsqu'ils sont cuits à l'eau, désossez-les, en les laissant entiers. Mettez-les dans une casserole avec un gros morceau de beurre, sel, poivre, persil, ciboule, ail hachés, et faites cuire jusqu'à ce que cette sauce soit presque tarie. Ayez soin de ne pas les laisser attacher. Laissez-les refroidir, trempez-les dans ce qui vous reste de sauce, panez et mettez-les sur le gril. Servez-les avec une saucière contenant une sauce de haut goût.

Les pieds de veau étant cuits à l'eau, peuvent se servir avec celles des sauces que vous préférez.

Ris de veau en fricandeau (*Entrée*). Faites-les bien dégorger en changeant plusieurs fois l'eau tiède, puis faites-les blanchir à l'eau bouillante, et les traitez comme il est dit à l'article fricandeau (page 72).

Servez-les sur de l'oseille, de la chicorée ou sur une sauce tomate; arrosez avec le jus réduit que vous aurez.

Ris de veau frits (*Entrée*). Faite une marinade avec du bouillon, du beurre tiède, fines herbes, échalotes et ciboules hachées, jus de citron, sel et poivre. Faites-les bien égoutter, trempez-les dans une pâte à frire et lorsqu'ils auront pris une belle couleur, servez-les avec du persil frit.

Ris de veau en fricassée de poulet. On les fait bouillir pendant une demi-heure et on les accommode à la poulette.

Ris de veau en caisse. Hachez des fines herbes et des champignons, passez-les au beurre avec lard haché fin, sel, poivre, muscade et une cuillerée d'huile. Versez le tout sur votre ris et laissez refroidir.

Faites une caisse de papier dont vous huilez l'intérieur, placez au fond un peu d'assaisonnement et de la chapelure, mettez les ris que vous avez d'abord fait cuire comme il a été dit, mettez sur le gril et sur de la cendre chaude, passez une pelle rouge pour donner de la couleur.

Ris de veau en papillotes. Préparez-les et faites-les cuire dans une braise, garnissez un papier huilé d'une farce avec champignons, fines herbes et, si vous le voulez, une ou deux truffes hachées, posez vos ris de veau, couvrez-les du reste de votre farce, fermez les papillotes et faites-leur prendre sur le gril une belle couleur.

Pour maintenir la farce sur les ris on peut les mettre entre deux tranches très-minces de jambon.

Ragoût de poitrine de veau. Coupez de la poitrine de veau en gros dés et faites-leur prendre couleur en les remuant dans du beurre sur un feu vif; quand ils sont dorés en tous sens, mouillez de bouillon, après avoir incorporé au beurre une cuillerée de farine; que les morceaux ne fassent que baigner. Ajoutez au moment de l'ébullition, un peu de thym, de laurier, du persil, oignons blancs. Couvrez le tout et laissez cuire à feu modéré, la sauce doit être courte.

Poitrine de veau farcie. Il faut que la poitrine soit couverte de sa peau. Vous la détachez de la chair, en la laissant encore y tenir par un bout, renversez cette peau et mettez sur votre viande une bonne farce, bien assaisonnée, recouvrez le tout avec la peau dont vous cousez les bords, afin que rien ne puisse s'échapper, mettez cuire dans une petite braise, lard, bouillon, sel, poivre, bouquet; dégraissez ce qui vous reste de sauce, après la cuisson, passez-la, et liez avec une pincée de farine; faites réduire.

Vous pouvez servir avec divers accompagnements de légumes, de purées, en arrosant le tout de la sauce.

Si au lieu de braiser, vous voulez la faire cuire à la broche, enveloppez-la de papier beurré.

Tendrons de veau aux petits pois. Coupez-les en petits morceaux, faites-les cuire dans un roux; salez, poivrez, ajoutez un verre d'eau, un bouquet; laissez bouillir doucement une heure au moins, ajoutez des pois et achevez la cuisson; retirez le bouquet et servez.

Il n'est pas nécessaire que les pois soient très-fins.

Tendrons de veau en blanquette. Voyez cette préparation, page 36.

Tendrons en ragoût. Passez-les au beurre avec du

petit lard coupé en dés, ajoutez une pincée de farine et mouillez votre roux de bouillon ou d'eau chaude, ajoutez sel, poivre, bouquet, et, selon votre goût, thym laurier, ail; vous pouvez y joindre des pommes de terre ou des navets coupés.

Lorsque la cuisson est faite, retirez le bouquet, l'ail, et servez avec le lard et les pommes de terre.

Tendrons de veau en chartreuse. Faites cuire aux trois quarts dans une marmite remplie d'eau, un chou frisé avec une livre à peu près de petit salé et mettez gros comme deux œufs de graisse.

Coupez en rond une carotte rouge et une autre plus pâle, faites aussi des ronds de même dimension avec un cervelas ou saucisson, beurrez une casserole et disposez au fond vos ronds en alternant. Coupez en bandes de quatre centimètres de largeur le petit salé qui a cuit avec les choux. Appliquez ces bandes comme des montants le long des parois de la casserole en les espaçant régulièrement. Faites égoutter votre chou et exprimez-en tout le liquide, en le pressant dans un linge. Mettez sur vos ronds un lit de choux et placez-en aussi dans les intervalles de vos montants de petit salé.

Placez sur ce lit vos morceaux de tendrons de veau que vous avez passés au beurre, délayez avec du bouillon le roux que vous faites avec le beurre qui a servi à vos tendrons, après l'avoir passé ; arrosez avec ce coulis ce qu'il y a dans la casserole, n'en mettez que ce qui est nécessaire pour que rien ne s'attache. Faites cuire doucement une demi-heure. Pour servir, renversez un plat sur la casserole, retournez le tout sans hésitation. S'il est besoin, colorez avec un peu de caramel.

Tendrons en matelote. Faites-les revenir au beurre et mettez-les cuire dans un roux que vous avez mouillé de bouillon et d'autant de vin, avec tous les ingrédients employés pour la matelote (page 41) en ajoutant successivement oignons roussis, champignons, etc.

Retirez ce qui ne doit pas être servi comme ail, bouquet, clous de girofle, dégraissez, et servez.

Escalopes de veau. Coupez en tranches plus longues que larges de la rouelle de veau. Vos morceaux doivent avoir la largeur de six à sept centimètres, et lorsqu'ils ont été aplatis l'épaisseur d'une pièce de cinq francs, parez-les bien. Mettez sur un feu vif de bonne huile ou du bon beurre dans une casserole et faites-y raffermir des deux côtés vos escalopes. Il faut qu'elles soient saisies. Quand toutes y ont passé successivement, mettez dans la casserole une cuillerée de bouillon, de la chapelure; ajoutez les escalopes avec persil haché fin. Faites mijoter jusqu'à parfaite cuisson. Rangez vos escalopes en cordons, l'une s'appuyant sur l'autre, ajoutez un jus de citron.

Croquettes de veau (*Entrée*). Délayez deux cuillerés de farine dans un fort morceau de beurre, sans le laisser roussir; assaisonnez de poivre, sel, muscade; ajoutez champignons et persil hachés, et faites revenir le tout. Mouillez d'un demi-verre de crème et de bouillon de manière que votre sauce ait la consistance d'une bouillie; coupez en dés de la noix, cuite de la veille, ainsi que de la graisse qui en dépend et mettez-les dans la sauce. Laissez-la refroidir.

Faites des boulettes que vous panez à l'anglaise (page 21) faites frire et servez avec du persil frit.

Quasi de veau aux oignons (*Entrée*). Lardez-le et faites-le cuire à petit feu avec des oignons, épices et bouquet garni.

Quasi à la pèlerine. Après l'avoir piqué de gros lard, ficelez-le et faites-le bien dorer dans du beurre; mouillez d'un peu d'eau chaude avec sel une demi-feuille de laurier et laissez cuire doucement pendant trois heures. Glacez des oignons dans du beurre avec un peu de sucre, mouillez avec du jus de la cuisson et du vin rouge. Ajoutez des champignons entiers un peu gros et faites mijoter; dégraissez, liez le jus avec de la fécule, étendez sur le veau une partie de cette glace et arrosez avec le reste les oignons et les champignons que vous disposez autour de la viande.

Épaule de veau à la bourgeoise. Si vous la désossez,

roulez-la et ficelez en lui donnant une bonne forme. Faites-lui prendre de tous côtés une belle couleur dans de bonne huile ou dans un bon morceau de beurre et à feu doux; mouillez avec de l'eau chaude, ajoutez un peu de sel et une feuille de laurier; faites mijoter avec feu dessus pendant quatre ou cinq heures pour que le jus tombe en glace.

Mettez votre épaule sur un plat et versez dessus votre jus. Détachez ce qui reste dans la casserole avec du bouillon et ajoutez-le à la viande, ou versez-le sur le ragoût de légumes ou la purée sur lequel vous pourriez servir l'épaule.

Si vous l'avez ficelée, ôtez la ficelle avant de la dresser.

Épaule de veau rôtie. On peut la piquer. Si vous l'enveloppez d'un papier beurré ou huilé, ôtez-le avant de terminer la cuisson, afin de faire prendre couleur à votre morceau. On sert l'épaule dans son jus ou sur une sauce appétissante.

Épaule de veau aux champignons (*Entrée*). Faites-la cuire à la broche, levez la peau sans la séparer entièrement; faites avec la viande des filets que vous mettez dans un ragoût de champignons et une liaison de jaunes d'œufs; servez sous l'épaule le tout, recouvert de la peau.

Épaule glacée. Désossez-la avec précaution et lardez dans le sens de la longueur, de gros lardons assaisonnés. Ficelez-la après l'avoir roulée d'une bonne forme et faites-la cuire dans une petite braise, retirez le jus, passez-le au tamis. Faites un roux, mouillez-le avec ce jus et un demi-verre de vin blanc; laissez réduire en glace et servez en glaçant l'épaule que vous entourez de carottes, d'oignons et de légumes cuits au gras.

Galantine de veau. Se fait ordinairement avec une épaule de veau que l'on désosse et qu'on traite comme la galantine de dinde.

Foie de veau à la broche. Piquez-le de gros lardons et laissez pendant quatre heures dans une marinade à l'huile (page 33), enveloppez-le d'une crépine ou de papier ; arrosez pendant qu'il cuit ; pour servir ôtez le papier et mettez-le sur une sauce faite avec ce qu'il y a dans la lèchefrite que vous relevez avec des échalotes hachées fines, épices et un peu de bouillon.

Foie de veau à la bourgeoise. Lardez et mettez-le dans une casserole avec tranches de lard, un demi-verre d'eau, autant de vin blanc, bouquet garni, oignon piqué de clous de girofle, épices, et pour terminer un petit verre d'eau-de-vie ou de chartreuse ; passez et dégraissez la cuisson, s'il est nécessaire.

Foie de veau à la poêle. Faites roussir légèrement vos tranches, avec persil, ciboule hachés ; mouillez avec un demi-verre de vin, du bouillon et une cuillerée de vinaigre ou un petit verre d'eau-de-vie, épices. Ne laissez cuire que quelques minutes.

On peut le faire simplement cuire avec un gros morceau de beurre dans la poêle avec des fines herbes.

Foie de veau en bifteck. Faites des tranches un peu épaisses et traitez-les comme des biftecks (page 65).

Foie de veau en papillotes (*Entrée*). Laissez un peu mariner vos tranches, huilez du papier fort, placez une tranche de lard mince que vous couvrez de fines herbes, une autre tranche, recouvrez du même assaisonnement, le lard en dessus ; fermez la papillote, mettez sur le gril et servez lorsque des deux côtés vous avez une belle couleur.

Foie de veau en hachis. Hachez-le avec du lard gras un peu de porc frais, un quart de viande de veau, un peu de moelle de bœuf, oignon, persil, ciboule, cerfeuil, un peu d'ail, muscade et clous de girofle râpés, poivre, sel, hachez le tout et mêlez-le bien, faites cuire dans un vase beurré pendant deux heures en ajoutant une cuillerée à pot de bouillon, avec feu dessus et dessous ou sous le four de campagne ; servez avec une sauce faite de la cuisson avec laquelle vous mouillez un roux ; vous pouvez y ajouter un peu de chair à saucisse et quelques gouttes de sauce aux champignons.

A défaut de moelle de bœuf mettez de la graisse de veau.

Rognons de veau. Traitez-les en escalopes (page 78).

Rognons de veau sautés au vin. Comme ceux de bœuf.

En coupant de la desserte de rognon et en l'incorporant dans une omelette on fait un très-bon plat.

Fraise de veau à la vinaigrette.. Faites-la dégorger à l'eau chaude et rafraîchissez-la ; coupez-la en morceaux et faites-la cuire doucement dans de l'eau où vous avez délayé quelques cuillerées de fécule, avec tranches de citron sans peau ni pepins, oignons, carottes, bouquet garni et gros poivre dans un sachet ; égouttez et servez, entourée de persil, avec une saucière contenant huile, vinaigre, poivre, sel, ciboule, estragon, persil hachés menu.

On peut la faire cuire avec des épices, du vin blanc, assez d'eau pour qu'elle baigne, oignon, bouquet, thym, laurier, ail, lard gras et la servir avec une sauce à l'huile et au vinaigre.

Fraise de veau frite. Faites-la cuire comme il vient d'être dit. Après l'avoir égouttée, essuyez-la et trempez les morceaux dans une pâte à frire, servez avec du persil frit.

Cervelles de veau en matelote (*Entrée*). Enlevez leur peau mince, ôtez les filets noirs et faites-les dégorger et blanchir dans de l'eau vinaigrée et salée. Rafraîchissez-les et égouttez. Faites revenir des petits oignons dans du beurre et faites un roux ; achevez en dix minutes la cuisson de vos cervelles, en ajoutant de l'eau, un demi-verre de vin rouge, champignons, thym, laurier, sel, poivre, bouquet garni, terminez par un petit morceau de sucre et une noix de beurre manié de farine.

Cervelle à la poulette (*Entrée*). Préparez-la comme il a été dit, tournez une pincée de farine dans du beurre. Mouillez d'eau et d'un demi-verre de vin blanc, un peu de thym, de laurier, un clou de girofle, petits oignons, champignons, bouquet. Faites cuire à petit feu. Un peu avant de servir, mettez la cervelle; lorsqu'elle a pris goût, liez avec des jaunes d'œufs, du jus de citron. Servez avec les oignons et les champignons.

Cervelles frites. Après les avoir préparées et fait dégorger, mettez-les coupées en morceaux dans une marinade à base de vinaigre (p. 33), tiède; au bout de deux heures égouttez-les, saupoudrez-les de farine et faites-les frire, servez avec persil frit. On peut aussi les tremper dans la pâte.

Cervelles de veau au beurre noir. Faites cuire vos cervelles dans une eau vinaigrée et dans laquelle vous aurez fait bouillir, pendant une demi-heure, oignons coupés, bouquet, clous de girofle, sel et poivre. Au moment où après avoir passé ce bouillon vous y mettez vos cervelles, ajoutez une noix de beurre; laissez cuire une demi-heure, égouttez et servez-les sur une sauce au beurre noir (page 41) avec un croûton frit entre chaque morceau de cervelle.

Galantine de cervelles ou papeton. Prenez des cervelles, principalement celles de veau; faites-les dégorger, lavez-les à l'eau chaude et rafraîchissez-les. Coupez-les en tranches de l'épaisseur du petit doigt et faites-les mariner pendant vingt-quatre heures avec huile, poivre, sel, etc.

Hachez une livre de chair de veau avec un quart de jambon de Bayonne cru que vous avez bien lavé et paré. Mettez au fond d'une tourtière ou d'une casserole des bardes de lard minces et vos parures de jambon, étendez dessus un lit de votre hachis que vous couvrez avec des tranches de cervelle. Mettez une seconde couche de hachis, puis une de cervelles, ainsi de suite, en alternant et en terminant par une couche de hachis sur laquelle vous appliquez quelques tranches minces de jambon; faites cuire à feu doux, pendant deux heures, au four ou sous le four de campagne.

Vous avez préparé un petit roux avec échalote, bouquet de persil, épices que vous mouillez de bouillon. Quand tout est cuit et réduit, vous passez ce coulis et vous en arrosez votre papeton que vous avez dressé sur un plat en renversant le moule dans lequel il a cuit.

Ce mets, qui est excellent lorsqu'il est bien réussi, est très en faveur dans certaines parties du midi de la France.

Tête de veau au naturel (*Relevé*). Échaudez-la et

faites-la dégorger à l'eau bouillante pendant une demi-heure; rafraîchissez-la; désossez la mâchoire inférieure et le bout du mufle, qu'il ne reste que les os du crâne; nettoyez la langue; ôtez les peaux blanches des joues, etc.; enveloppez la tête dans une serviette avec des ronds de citron ou frottez-la de citron, faites-la cuire comme la fraise de veau (page 81). La cuisson demande trois ou quatre heures, suivant la grosseur de la tête. Égouttez-la, fendez avec soin la peau de la tête pour enlever les os du crâne, recouvrez la cervelle avec la peau. Servez-la entourée de persil, avec une sauce verte bien assaisonnée.

Tête de veau en tortue. Passez au beurre des champignons, des crêtes et des rognons de coq, des ris de veau; ajoutez un peu de farine et mouillez de bouillon et d'un bon verre de madère, sel, poivre; faites bouillir et réduire.

Joignez à vos morceaux de tête de veau cuits, des œufs pochés ou frits, quelques ronds de truffes, des écrevisses, des fonds d'artichauts et versez sur le tout votre sauce bien liée.

Tête de veau frite (*Entrée*). Voyez l'*Art d'accommoder les restes.*

Oreilles de veau (*Entrée*). Faites-les cuire comme la tête, ciselez les extrémités que vous retournez en arrière. Rangez-les autour du plat et versez au milieu une sauce aux truffes ou toute autre sauce appétissante, une purée, etc. On peut placer une truffe dans chaque oreille.

Oreilles de veau frites (*Entrée*). Après les avoir fait cuire et égoutter, coupez-les en deux; trempez-les dans l'œuf battu blanc et jaune; roulez-les dans la mie de pain et faites frire. Servez en buisson avec persil frit. On peut farcir chaque moitié d'oreille en unissant bien cette farce avant de les tremper dans l'œuf.

* **Mou de veau au blanc.** Faites dégorger et blanchir; coupez-le en morceaux et mettez-le dans du beurre où vous aurez tourné une pincée de farine, sans laisser roussir; mouillez de bouillon, ajoutez fines herbes et épices. A moitié cuisson, ajoutez petits oignons et champignons; au moment de servir, liez avec jaunes d'œufs.

Mou de veau en matelote (*Entrée*). Après l'avoir préparé, faites-le cuire à moitié avec oignons, épices et vinaigre; faites un roux au lard. Mettez-y votre mou; mouillez d'un verre d'eau et d'un verre de vin, bouquet, petits oignons glacés, un petit verre d'eau-de-vie ou de chartreuse. Achevez la cuisson.

Mou de veau à la poulette. Préparez-le comme une fricassée de poulet.

MOUTON.

Gigot (*Rôt*). Ne mangez un gigot que trois jours après que l'animal a été tué et battez-le bien pour l'attendrir. Généralement on se borne à mettre une ou deux gousses d'ail dans le manche, on le fait cuire à la broche devant un feu vif pour le saisir, et on l'arrose avec un peu d'eau et de beurre qu'on a mis dans la lèchefrite en le tournant souvent, quelques personnes enlèvent la peau et le mettent mariner pendant une journée dans une marinade à l'huile (page 33), alors on l'arrose avec la marinade.

Gigot braisé (*Entrée ou relevé*). Raccourcissez le manche, pliez-le à la jointure, supprimez les autres os, et ficelez-le. Piquez de gros lardons assaisonnés, sans qu'ils dépassent la viande, mettez-le cuire dans une braise, avec les os concassés, et un peu de bouillon et d'eau, etc., ralentissez le feu, quand il a commencé à bouillir, autant que possible, entretenez du feu sur le couvercle, servez-le avec son jus dégraissé et passé dont vous faites une sauce italienne ou piquante; vous pouvez réduire une partie du jus et le glacer avec.

Gigot à l'eau (*Entrée*). On retire ordinairement l'os du manche, on larde le gigot et on lui fait prendre couleur dans une casserole avec des bardes de lard, bouquet garni et épices ; ajoutez un verre d'eau, un demi-verre de vin blanc et faites cuire à petit feu; cette cuisson exige 4 ou 5 heures, selon la force du gigot.

Gigot à la provençale (*Rôt*). Lardez un gigot d'ail et de filets d'anchois, faites-le rôtir à la broche.

Préparez deux poignées de gousses d'ail que vous faites bouillir; lorsqu'elles sont à peu près cuites, rafraîchissez-les, égouttez et achevez leur cuisson dans un verre de bouillon et du jus ; faites réduire et servez sous le gigot.

Autres. Faites lever la peau du gigot sans l'enlever tout à fait ; piquez-le de lard gras, de jambon, d'anchois et d'ail, de persil, d'estragon blanchi. Faites mariner pendant 2 ou 3 heures sur des fines herbes arrosées d'huile, sel et poivre. Étendez sur le gigot les fines herbes de la marinade et recouvrez-les de la peau. Enveloppez le tout de papier beurré et faites rôtir à bon feu. Servez après avoir ôté le papier. Vous aurez rarement mangé un meilleur plat.

Filets aux légumes. Désossez un carré de mouton, piquez-le de petit lard, faites-le rôtir et servez sur un ragoût d'oseille, de haricots, de choux-fleurs, sur une macédoine ou sur une purée.

Filet sauté en chevreuil. Le filet est, dans la moitié d'un mouton, le morceau depuis la première côte jusqu'au gigot. Dégraissez, ôtez toutes les parties nerveuses et enlevez légèrement la peau qui recouvre la viande; découpez et parez vos filets. Piquez de lard et saupoudrez d'une bonne pincée de poivre avec peu de sel, faites mariner dans un verre de vin rouge un demi-verre de vinaigre, épices et ingrédients d'assaisonnement ; au bout de deux jours, égouttez sur une serviette, faites sauter et cuire à grand feu et avec beaucoup de beurre, dressez-les en rond, faites une sauce poivrade dans la casserole où est votre cuisson, faites-la réduire et saucez vos filets.

Le *filet-mignon* se trouve à l'intérieur sous le filet, comme le *filet* de bœuf se trouve sous *l'aloyau*.

Carré de mouton à la bourgeoise. Mettez-le cuire dans du bouillon et un verre de vin blanc, épices, bouquet garni ; quand il est cuit, retirez-le et mettez dans la casserole un morceau de beurre manié de farine, persil haché, filet de vinaigre ou de citron et faites réduire; servez-le avec la garniture qui vous plaira; on peut aussi le braiser.

Carré de mouton aux légumes (*Entrée*). Désossez, piquez de lard fin et faites cuire à la broche; servez sur un ragoût de légumes.

Carré de mouton au malaga. Désossez et parez votre carré, piquez-le de gros lardons, de filet de langue à l'écarlate et de jambon. Faites-le cuire pendant 4 ou 5 heures dans une braise où vous faites entrer un peu de jarret de veau, dans laquelle vous ne forcez pas les condiments et que vous mouillez avec un verre de malaga; feu dessus et dessous. Lorsqu'il est cuit, dégraissez et passez votre fond, faites-en réduire une partie en glace, en y ajoutant un morceau de sucre et un autre verre de malaga; dressez votre carré en l'entourant de champignons et de truffes, parez-le de votre glace et servez-le sur le reste de votre sauce.

Poitrine de mouton grillée. Si elle n'a pas été cuite avec le pot-au-feu, mettez-la dans une braise, mouillée de bouillon; lorsqu'elle est cuite passez-la à l'huile ou au beurre tiède, panez-la avec mie de pain mêlée de persil et ciboules hachés fin et faites griller; servez sur une sauce relevée ou sur un ragoût de légumes.

Épaule de mouton (*Rôt*). On peut l'accommoder de toutes les manières indiquées pour le gigot. Quand on la met à la broche on la pique de branches de persil qu'on a trempées dans une marinade.

Épaule de mouton à l'eau (*Entrée*). On la désosse, en laissant le bout du manche, on la pique de gros lardons assaisonnés, puis on la ficelle en rond, sans la rouler; on lui fait prendre couleur et on la traite comme le gigot à l'eau. Dégraissez, liez la sauce ou réduisez-la en glace, et servez avec telle garniture que vous voudrez.

Épaule de mouton braisée. Désossez, roulez-la en mettant à l'intérieur fines herbes et lard râpé, un peu d'ail et épices. Faites prendre couleur dans du beurre et faites cuire dans une braise pendant 4 heures. Dégraissez la sauce dans laquelle vous faites roussir de la fécule et servez avec telle garniture qu'il vous plaira.

Côtelettes de mouton au naturel. Saupoudrez-les de poivre et mettez-les sur le gril pendant 10 minutes.

Côtelettes de mouton panées. Passez au beurre tiède, panez-les et faites-les griller à petit feu pour que le pain ne brûle pas.

Si on avait le pot-au-feu, on pourrait plonger les côtelettes du côté où est la graisse qui bout, on les panerait ensuite.

Côtelettes à l'oseille. Faites-les sauter ou griller, servez-les sur un ragoût d'oseille.

Côtelettes à la Soubise. Quand elles sont cuites dressez-les en couronne sur le plat, versez au milieu une purée d'oignons avec le beurre dans lequel vous les avez fait sauter, mettez un peu de jus et quand il est réduit, versez sur les côtelettes.

Côtelettes à la jardinière. Faites cuire aux deux tiers dans de l'eau salée, haricots blancs, verts, pois, choux-fleurs, choux de Bruxelles, carottes et navets, pommes de terre, ces derniers coupés en petits morceaux. Faites cuire dans son jus, après l'avoir fait revenir, 250 grammes de poitrine de mouton. Retirez la viande et achevez dans ce jus la cuisson de vos légumes. Faites griller à feu vif de belles côtelettes et servez-les en couronne sur cette jardinière.

Côtelettes à la sauce piquante, aux petits pois, etc. Ne faites jamais cuire vos côtelettes que grillées ou sautées, ne les piquez pas, ne les mettez pas dans une braise.

Le mouton n'est pas une viande fade, et les côtelettes ne sont jamais meilleures que cuites au naturel avec du sel et du poivre.

Haricot de mouton. Coupez en morceaux de la poitrine, de l'épaule, des côtelettes, et faites-les revenir dans du beurre. Retirez-les et faites un roux que vous mouillez de bouillon; ajoutez épices et bouquet, remettez la viande vers le milieu de la cuisson, ajoutez des navets que vous avez fait roussir et achevez la cuisson.

On peut avec des *navets*, mettre des *pommes de terre* ou des *carottes*. On peut aussi aux navets substituer des *haricots verts* presque cuits à l'eau; dégraissez avant de servir.

Émincé de mouton. Émincez ce qui vous restera d'un morceau de mouton rôti et faites réchauffer sans laisser bouillir dans une sauce au beurre d'anchois.

Hachis de mouton. Comme le hachis de bouilli (page 60).

Rognons de mouton à la brochette. Ouvrez-les par le milieu, passez en travers une petite brochette pour qu'ils se maintiennent à plat et que le feu ne les fasse pas recroqueviller, faites-les griller et servez-les bien chauds sur une maître-d'hôtel.

Il est bon d'enlever la petite peau qui les recouvre, pour cela trempez-les cinq minutes dans l'eau froide.

Rognons de mouton sautés. Voyez rognons de bœuf ou de veau.

Cervelles de mouton. Pour les blanchir, on verse simplement de l'eau bouillante dessus et on les y laisse quelques minutes.

Traitez-les comme les cervelles de bœuf ou de veau.

Pieds de mouton à la poulette (*Entrée*). On les trouve tout préparés et cuits chez les marchands d'abats, mais il est presque toujours nécessaire de compléter la cuisson dans de l'eau avec des oignons, sel, poivre, bouquet garni, épices, jusqu'à ce que les os se détachent facilement, faites-les chauffer avec une sauce poulette.

Pieds de mouton frits. Lorsqu'ils ont été nettoyés et cuits, laissez-les mijoter dans une marinade au vinaigre, égouttez et faites-les frire comme les pieds de veau (page 75).

Au fromage. Mettez sur le feu beurre, champignons, ail, persil, épices, et ajoutez les pieds de mouton fendus en long; mouillez avec du bouillon, et faites réduire, filet de vinaigre. Dressez-les sur plat, couvrez-les d'une farce mêlée à des œufs battus. Saupoudrez de mie de pain fine mêlée à quantité égale de fromage râpé et mettez le tout sous le four de campagne.

Agneau et chevreau. Ils reçoivent tous deux les mêmes préparations dont plusieurs sont empruntées à celles du mouton.

Agneau à la poulette. Faites blanchir un quartier

d'agneau, et mettez-le cuire dans une sauce que vous avez préparée, en faisant délayer une cuillerée de farine dans du beurre, avec addition de deux verres d'eau bouillante. Lorsque tout est bien lié et que vous y mettez votre agneau, ajoutez poivre, sel, bouquet garni, petits oignons, plus tard des champignons, dégraissez, liez la sauce et servez.

Agneau à la broche. Désossez le collet d'un agneau entier jusqu'aux épaules. Bridez les membres en dissimulant les cuisses. Couvrez-le de bardes de lard et de papier beurré, et attachez-le à la broche par des hâtelets; aux trois quarts de la cuisson, supprimez le papier pour faire prendre couleur.

Agneau pané et rôti. Lardez-le finement à l'extérieur, frottez de beurre ou d'huile l'autre partie, et panez-la bien, enveloppez de papier beurré, et mettez à la broche. Un peu avant la fin de la cuisson, panez de nouveau avec sel et persil haché. Approchez du feu pour faire prendre couleur, arrosez de vinaigre ou de jus de citron, ou dressez sur une farce qui relève le goût : oseille, tomate.

Galantine d'agneau. Désossez un agneau entier et opérez comme pour la galantine de dinde. Votre farce devra se composer des chairs de gigot, de panne de cochon et de la mie d'un pain mollet mouillée de lait et égouttée. Pilez le tout et amalgamez avec deux œufs, sel, et des quatre épices.

Pour les dessertes de *veau*, de *mouton* et d'*agneau* (Voyez l'*Art d'accommoder les restes*).

COCHON.

Porc frais à la broche (*Rôti*). Laissez pendant trois jours dans une marinade à l'huile, mais bien assaisonnée, une échinée ou filet de cochon, et faites-le rôtir en l'arrosant avec la marinade.

Si vous ne voulez pas la faire mariner vous-même, et aussi longtemps, après l'avoir achetée, dites au charcutier de la mettre dans la saumure pendant plusieurs heures. Arrosez-la pendant la cuisson avec un peu d'eau, du beurre, du poivre et du jus de citron ou vinaigre.

Cuisson longue.

Côtelettes de porc frais (*Entrée*). On peut les commander chez le charcutier qui vous les apporte toutes préparées.

Faites-les mariner et faites-les cuire sur le gril ou dans la poêle, et servez-les sur une sauce Robert ou toute autre sauce qui éveille l'appétit; ravigote, tomate, ragoût d'oseille, etc.

Oreille de cochon à la purée. Il faut les bien nettoyer et les flamber. Mettez-les cuire avec des lentilles, bouillon, oignons, carottes émincées et bouquet garni. Lorsque les oreilles sont cuites, passez vos lentilles en purée et servez dessus les oreilles entourées de croûtons.

Oreilles de cochon frites (*Entrée*). On en fait des filets que l'on fait mariner; après les avoir égouttés, on les trempe dans une pâte bien assaisonnée et on les fait frire.

On peut les faire cuire dans une braise et les servir avec telle garniture qu'il plaira.

Rognons de cochon à la brochette. On les traite alors comme ceux de mouton (page 88).

Rognons au vin blanc. On les coupe par morceaux, on les passe à la poêle avec beurre et fines herbes hachées, et on agit comme pour les rognons de bœuf (page 69).

Pieds de cochon à la Sainte-Ménehould. On les trouve préparés chez le charcutier. On les fait griller sur un feu vif. Il faut qu'ils soient bien panés. Mangez-les avec de la moutarde ou un assaisonnement de haut goût. Servez bien chaud.

Pieds de cochon truffés. Lorsque vous les avez achetés préparés, trempez-les dans du beurre fondu, panez-les, et faites griller à feu doux. Lorsqu'ils ont pris une belle couleur, servez chaud.

Queues de cochon à la purée. Faites-les mariner pendant quelques jours, et préparez-les de la même manière que l'oreille.

Boudin noir. Faites des piqûres à la peau et mettez-le sur le gril, sans que le feu soit très-ardent. Il faut que la peau soit bien rissolée.

Boudin blanc. Incisez aussi un peu la peau, et avant de le poser sur le gril, mettez-y une feuille de papier beurré.

GIBIER.

Écureuil. C'est la première fois, je le crois, que ce gibier figure dans un livre de cuisine. Ceux qui en essayeront me remercieront de le leur avoir fait connaître. L'odeur que de son vivant exhale le petit animal disparaît entièrement lorsqu'il est dépouillé. Sa chair est extrêmement délicate et toute répugnance devra cesser si l'on réfléchit qu'il ne se nourrit que de noisettes et de végétaux, tandis que nous mangeons du cochon, du canard, etc., qui sont beaucoup moins délicats sur le choix de leur nourriture.

On peut le faire mariner pendant quelques heures, mais cela n'est pas indispensable.

Il s'accommode comme le lièvre, en civet, rôti, en salmis, etc.

Chevreuil cuissot (*Rôt*). Piquez-le de lard fin, saupoudrez-le de sel et de poivre et faites-le mariner six heures dans une marinade à l'huile peu assaisonnée, faites cuire à la broche, en l'arrosant de sa marinade et servez avec une sauce poivrade dans laquelle vous mettez du jus de la marinade.

Il faut que le feu soit assez ardent; une heure de cuisson suffit; pour les personnes qui veulent un goût plus énergique, prolongez le séjour dans une marinade plus épicée et dans laquelle vous ferez entrer du vin rouge.

Filets et côtelettes. On les fait mariner 4 heures dans l'huile, après les avoir saupoudrés de sel et de poivre, faites-les griller à feu ardent en les arrosant un peu avec la marinade.

Servez avec une sauce piquante.

Chevreuil en civet. Les épaules et la poitrine sont ordinairement les parties que l'on met en civet, procédez comme pour le lièvre, que votre sauce soit bien noire et mettez-y un morceau de sucre.

Épaules farcies. Désossez-les, levez un peu de la chair que vous hachez avec du lard et pilez avec œufs, mie de pain qu'on a trempée dans du bouillon et qu'on a pressée, ajoutez successivement sel, poivre, fines herbes hachées, échalotes, épices, aromates en poudre et continuez à piler à chaque article que vous mettez de manière à faire une farce bien amalgamée dont vous étendez une couche sur les épaules à plat; saupoudrez de sel et d'un peu de poivre, roulez les épaules et ficelez-les en en formant de gros saucissons, mettez-les cuire à la broche. Faites un roux blond que vous mouillez avec le jus de la cuisson et un peu de vin blanc; faites-y cuire des champignons.

Servez les épaules déficelées sur cette sauce.

Pour la desserte de chevreuil faites un salmis, un ragoût aux champignons, etc.

Voyez l'*Art d'accommoder les restes.*

Comme le chevreuil a beaucoup de goût par lui-même nous conseillerons de le manger rôti ou grillé et d'éviter les braises, les lards, etc.

Lièvre et levraut. On reconnaît le levraut à une petite tumeur qu'on sent aux pattes de devant, en dehors un peu au-dessus du joint.

Rôti. On le pique ordinairement de lard fin et on l'arrose d'eau un peu vinaigrée dans laquelle on a écrasé des échalotes, sel et poivre; quand il cuit, vous mêlez à la marinade le sang de l'animal dans lequel vous avez écrasé le foie un peu roussi, le mou et vous liez avec un roux.

Servez la sauce à part, elle doit être noire, un peu épaisse et très-épicée.

Quelques personnes font mariner le lièvre dans de l'eau un peu vinaigrée, salée et poivrée, tranches d'oignon, etc.

Pour qu'il prenne mieux le goût de la marinade il faut enlever adroitement la pellicule qui recouvre les cuisses et les reins.

Lièvre en civet. Souvent on fait rôtir le train de derrière et on ne met en civet que le haut du corps.

On le marine avec tous les ingrédients et aromates usités. On fait revenir du lard de poitrine et des petits oignons et quand ils ont pris couleur, on jette dans le beurre une cuillerée de farine qu'on tourne et qu'on mouille de bouillon et d'une demi-bouteille de vin; mettez les morceaux de lièvre, les oignons, le lard, un bouquet garni : au bout d'une heure, on ajoute le sang si on l'a conservé, on fait lier la sauce sur le feu, on ajoute un morceau de sucre et on sauce les morceaux de lièvre.

Avant de mettre les morceaux de lièvre on peut les faire revenir.

Levraut sauté (*Entrée*). Faites revenir les morceaux dans du beurre avec sel et poivre, épices. Quand ils sont raffermis, ajoutez champignons, échalotes, persil hachés, délayez deux cuillerées de farine, tournez et mouillez de vin blanc et de bouillon ou d'eau seulement.

Après qu'il a jeté quelques bouillons, retirez le lièvre et faites un peu réduire la sauce.

Levraut à la purée dit Saint-Lambert (*Entrée*). Coupez-le en morceaux et mettez-le cuire avec sel, poivre, épices, oignons, navets, pieds de céleri, bouquet garni, que le tout baigne dans du bouillon. Quand les légumes sont cuits, faites-en une purée. Le lapereau étant cuit, passez la cuisson au tamis, faites recuire et mouillez la purée avec cette sauce dont vous masquez vos morceaux que vous avez dressés.

Lièvre au chasseur (*Entrée*). Coupez en morceaux

votre lièvre au moment où il vient d'être tué. Mettez-le dans un chaudron avec une bouteille de bon vin rouge, force poivre, oignons, bouquet, et le sang de l'animal; faites un feu vif et clair, aux premiers bouillons enflammez le vin. Maniez de farine un gros morceau de beurre, près d'une demi-livre, jetez-le dans la sauce. Le tout doit durer moins de trois quarts d'heure.

Lièvre en daube (*Entrée*). On le désosse entièrement, on le roule en mettant au milieu les petites chaires, ficelez et faites-le cuire dans une braise avec les os de l'animal, vin blanc et bouillon.

Pendant la cuisson, vous couvrez le vase d'un rond de papier beurré.

Dégraissez, passez le jus et servez chaud ou froid.

Manières diverses. On peut le couper en morceaux et le faire cuire avec des tranches de *jambon*, huile et vin blanc et toutes les herbes d'assaisonnement.

On peut accommoder les restes aux *champignons*, en faire un *salmis* ou une *capilotade*. Voyez l'*Art d'accommoder les restes*.

Lapin, lapereau. S'il s'agit d'un lapin domestique, videz-le sans le dépouiller et bourrez-le de toutes les herbes aromatiques et des épices que vous avez et que vous retirez pour le faire cuire.

En gibelotte (*Entrée*). Coupez-le en morceaux auxquels vous faites prendre couleur dans du beurre où vous aurez fait roussir des dés de lard de poitrine, faites un roux que vous mouillez de bouillon et de vin blanc par parties égales, poivre et muscade. Ajoutez un bouquet garni, des petits oignons, plus tard des champignons; après la cuisson ôtez le bouquet et servez avec la sauce en entourant le plat de croûtons frits au beurre

Lapin à la broche. Faites mariner l'arrière-train d'un lapereau, lardez-le de lardons fins assaisonnés et faites-le cuire à la broche en l'arrosant de sa marinade.

Écrasezle foie, le mou, faites-les roussir, mouillez avec la marinade et servez avec cette sauce bien assaisonnée et pas trop claire.

Lapin en matelote. Accommodez votre lapin comme pour une gibelotte et quand vous avez ajouté votre mouillage, mettez dans la casserole des tronçons d'anguille ainsi que tous les accessoires que nous avons indiqués et faites grand feu. Lorsque la cuisson est faite, retirez le bouquet, l'ail et servez avec des croûtons frits.

Lapin en civet. Traitez-le comme le civet de lièvre.

Lapereau à la purée. Comme le levraut.

Lapereau à la poulette. Passez les morceaux au beurre et faites-les cuire dans une sauce poulette avec vin blanc, champignons, persil, très-peu d'épices, liez avec des jaunes d'œufs.

Lapereau à la tartare. Faites mariner vos morceaux désossés dans de l'huile avec les ingrédients ordinaires, parez-les et faites-les griller en les arrosant de la marinade; servez sur une sauce à la tartare.

A la Marengo. Faites cuire vos morceaux dans l'huile avec tous les aromates et toutes les épices ordinaires, feu vif dessous et dessus; au bout d'un quart d'heure retirez une partie de l'huile et mettez des champignons, persil haché, retirez l'ail, le bouquet, etc., et pour terminer liez la sauce avec un morceau de beurre manié de farine et ajoutez du jus de citron.

Croquettes de lapereau. Coupez en dés les chaires d'un lapereau rôti, ainsi que 1/3 de graisse de veau; procédez comme pour les croquettes de veau (page 78).

Lapereau sauté. Comme le levraut sauté (page 93).

Lapereau en papillotes. Traitez les chairs de lapereau comme des côtelettes de veau en papillotes.

Manières diverses. On peut également accommoder les reliefs en *capilotade*, en fricassée de poulet, frits, en salmis, etc., etc.

Perdrix, perdreau (*rôti*). Après l'avoir préparé et troussé comme un poulet, piquez-le de lardons fins et faites rôtir.

On les entoure souvent d'une feuille de vigne. On se contente aussi de les barder au lieu de les piquer.

Perdreaux à la chipolata. Faites légèrement roussir des dés de petit lard, passez également au beurre des petits oignons. Faites revenir les membres d'un perdreau dans un roux. Mouillez avec vin blanc, bouillon ou eau; mettez le lard, les oignons, des marrons rôtis, des champignons et de petites saucisses appelées *chipolades*, ainsi qu'un bouquet garni. Faites cuire, dégraissez, s'il est nécessaire, faites réduire la sauce et servez, entouré de croûtons frits.

Perdrix à la crapaudine (*Entrée*). Fendez-les par le dos, aplatissez-les, frottez-les d'huile et saupoudrez-les de sel et de poivre, ciboules et persil hachés. Tâchez que cet assaisonnement ne quitte pas; panez de chapelure et faites griller à petit feu. Servez sur une sauce ravigotte ou toute autre de haut goût.

Perdrix au chou. Après avoir troussé une perdrix les pattes en dedans, faites-lui prendre couleur dans un petit roux; mouillez de bouillon, ajoutez bouquet garni et un demi-quart de lard, sel et poivre.

Vous avez fait cuire séparément un chou de Milan blanchi, avec une demi-livre de petit salé et cervelas. Égouttez votre chou, mettez au milieu votre perdrix et achevez la cuisson à feu modéré. Servez la perdrix et le salé sur le chou, entourés de ronds de cervelas. Souvent on fait cuire au fond de la casserole des ronds de carottes de deux nuances différentes et quand on sert, on les alterne avec les ronds de cervelas.

On peut, pour plus de simplicité, faire blanchir le chou et faire cuire tout ensemble dans la même casserole. Si l'on veut un plat plus élégant, faites une *chartreuse*.

Voyez *Veau en chartreuse*, p. 77.

Perdrix à l'étouffée (*Entrée*). Troussez une perdrix les pattes en dedans, faites-la cuire doucement dans une cuillerée à pot de bouillon avec lard en morceaux, ronds de carottes, oignons, épices et bouquet. Couvrez d'une barde de lard, d'un papier huilé et d'un couvercle qui ferme hermétiquement.

Perdrix à la purée. Faites cuire comme précédemment et servez sur une purée de lentilles cuites avec du lard de poitrine. On peut les faire cuire avec les lentilles mêmes en mouillant de bouillon. Servez avec des croûtons frits, si vous le voulez.

On peut mettre sur une purée de pois verts.

On peut aussi traiter la perdrix en galantine.

Faisan et coq de bruyère, pintade. S'il n'est pas gardé quelques jours, s'il n'est pas *faisandé*, c'est une viande sèche et sans saveur, bien inférieure à celle du poulet et de la poularde.

C'est au changement de couleur du ventre qu'on connaît qu'il est à point pour être mangé.

Rôti. Commencez par lui couper les ailes et la tête à laquelle vous laissez un petit morceau du cou que vous couperez en conservant la peau et les plumes qui recouvrent ce morceau. Coupez la queue à moitié du croupion sans la plumer. Puis, videz, flambez et troussez comme un poulet. Lorsqu'il est rôti, remettez la tête, les ailes et la queue, comme si vous ne les aviez pas séparées et servez.

Piquez-le et traitez-le comme la perdrix.

En général, toutes les manières d'accommoder la perdrix et le perdreau s'appliquent au *faisan* et au *coq de bruyère*.

Bécasse, bécassine. Elles ne se vident pas. En les plumant on leur arrache la peau de la tête. Coupez les ailes, repliez les pattes et passez-les derrière les cuisses, entre-croisez-les de manière qu'elles se maintiennent l'une par l'autre. Repliez le cou jusqu'aux cuisses que vous traversez avec le bec, comme avec une brochette. Flambez et bardez.

Rôties. Placez dans la lèchefrite des rôties de pain pour recevoir ce qui tombe du corps de l'animal.

N'embrochez pas, mais fixez votre gibier sur la broche au moyen d'un hâtelet qui le traverse.

Quand l'intérieur de la bécasse commence à tomber sur la rôtie, elle est bien près d'être cuite, et si vous l'aimez saignante, avec une fourchette accélérez l'assaisonnement de la rôtie, sur laquelle vous servez.

Bécasses à la casserole. Videz-les, et avec ce que vous avez retiré du corps, composez une farce en y ajoutant : lard, persil, ciboule, jaunes d'œufs crus, poivre et sel. Farcissez-en votre gibier, recousez-le et troussez-le comme pour la broche. Mettez-le dans une casserole foncée de bardes ; faites suer. Au bout d'un quart d'heure, mouillez de vin blanc, ajoutez à la sauce un filet de vinaigre.

Cailles rôties. Videz, flambez et troussez-les comme les pigeons ; traitez-les comme les perdrix à rôtir, avec bardes et feuille de vigne ; servez sur des rôties, entourées de ronds de citrons si vous l'aimez.

Grillées. Traitez-les comme la perdrix à la crapaudine. Avant de les placer sur le gril, mettez-les à la casserole avec huile, laurier, sel et poivre ; couvrez de bardes de lard. Quand elles ont cuit à peu près, à très-petit feu, panez, faites griller et servez sur le jus que vous avez détaché du fond de la casserole avec un peu de bouillon ; jus de citron.

Pluviers, vanneaux ; gelinottes, ramiers, tourterelles. Le pluvier doré est le meilleur ; on le rôtit sans le vider.

Tous ces gibiers se servent principalement comme rôtis et se préparent comme les bécasses et les grives : on les barde et on les entoure de feuilles de vigne. C'est à la broche qu'ils conservent le mieux la saveur qui leur est propre. Cependant, si vous voulez les accommoder pour entrées, traitez-les ainsi qu'il est indiqué pour les *perdrix* ou les *pigeons*. Comme ceux-ci, ils se mettent très-bien en *salmis*.

Merles et grives (*Rôts*). Troussez-les comme des bécassines. Se mangent rôtis. On ne retire du corps que le gésier, par une petite incision pratiquée sous la cuisse. On les barde, après les avoir enveloppés de feuilles de vigne, on les dispose sur des hâtelets, et l'on met des rôties dans la lèchefrite.

Si vous voulez les servir pour *entrées*, traitez-les comme les *bécasses*, les *perdrix* et les *pigeons*. On en fait aussi des salmis.

Sarcelle et poule d'eau rôtie. On les vide, on les flambe et on les trousse comme le poulet rôti ; on les fait rôtir et on les sert avec une sauce de haut goût. Les restes se mettent en salmis.

A la marinière. Après avoir préparé deux sarcelles, découpez-les et passez-les au beurre avec sel et poivre, ajoutez des échalotes, couvrez et laissez quelques minutes sur un feu doux. Saupoudrez d'une cuillerée de farine et faites sauter; mouillez avec une demi-bouteille de vin blanc, et remuez jusqu'à ce que la sauce bouille. Ajoutez une gousse d'ail, un bouquet, peu de sel et pas mal de poivre. Couvrez la casserole et faites mijoter avec feu dessus et dessous pendant une demi-heure. Dressez vos morceaux sur des croûtons chauds que vous avez fait frire avec échalotes, un petit oignon et persil. Vous supprimez le bouquet et l'ail; faites réduire la sauce, goûtez-la, terminez par un morceau de beurre et persil, et versez-la sur la sarcelle.

Alouettes, mauviettes à la broche. On les mange souvent sans les vider. On les barde, on les enfile par cinq ou six par les flancs avec de petites brochettes de bois qu'on applique sur la broche, et on les sert sur des rôties en les arrosant de leur jus.

A la minute. Elles doivent être vidées. Troussez-les et faites-les sauter dans du beurre, avec poivre et sel. Faites revenir dans le même beurre des champignons avec persil, échalotes hachés; faites un roux, remettez les alouettes, mouillez de bouillon et de vin blanc; quand la sauce commence à bouillir, dressez vos alouettes sur des croûtons frits et saucez le tout.

On peut enfaire des salmis.

Pigeons. Il vaut mieux les étouffer que les saigner. On les vide, mais on laisse le foie, parce que les pigeons n'ont pas d'amer. Flambez-les et coupez le cou. Pour maintenir les cuisses, passez une ficelle de l'une à l'autre à travers le corps ou simplement une brochette de bois. Coupez le nerf des pattes, un peu au-dessus de l'articulation, afin qu'elles ne se raccourcissent pas pendant la cuisson ; retournez les ailes et fixez-les contre le corps au moyen de la ficelle qui maintiendra la barde de lard par un triple tour. Si vous mettez une feuille de vigne, placez-la sous la barde.

Si vous voulez trousser pour *entrée*, coupez le nerf en dessous du moignon de la cuisse, faites, à cette hauteur, une incision de chaque côté dans le flanc du pigeon, repliez les pattes et faites-les entrer dans le corps du pigeon, en commençant par le coude. Coupez le cou, maintenez les cuisses comme il vient d'être dit et bardez.

Pigeons rôtis. On les enveloppe de feuilles de vigne, on les barde et on les fait rôtir à la broche, en les arrosant de leur jus, sur lequel on les sert. Une demi-heure suffit pour la cuisson.

On peut les entourer de cresson.

A la crapaudine. Procédez comme pour les perdrix, (p. 96).

En compote. Faites revenir vos pigeons et des dés de lard. Retirez-les, faites un roux, mouillez-le de bouillon mélangé de vin blanc, ajoutez épices, bouquet garni oignons et carottes. Remettez cuire vos pigeons, ajoutez champignons. Lorsque la cuisson est achevée, ôtez le bouquet, les carottes. Servez sur la sauce avec les accessoires, en ayant mis un peu de sucre en poudre.

Pigeons à la purée. (Voyez *Levraut*, p. 94.)

Pigeons frits. Coupez-les en quatre ; faites-les cuire dans une petite quantité de bouillon, avec épices et bouquet garni. Laissez refroidir, trempez-les dans l'œuf battu, panez et faites frire. Vous pouvez les tremper dans une pâte. Servez avec persil frit.

En papillotes. Faites-les cuire à moitié avec lard haché, beurre, sel, poivre, muscade ; à moitié de la cuisson, ajoutez fines herbes, champignons, une échalote hachée. Laissez refroidir, coupez les pigeons en deux, garnissez-les de tout l'assaisonnement que vous maintenez autour, en le mettant en papillote huilée, faites griller à petit feu.

Pigeons à l'étuvée. Procédez comme pour la *compote*; seulement mouillez moitié vin, moitié bouillon; faites cuire à petit feu, terminez par un verre d'eau-de-vie et un morceau de sucre, servez avec des croûtons.

Pigeons aux petits pois. Fendez les pigeons en deux, comme pour la *crapaudine*, et faites-les revenir dans un roux de beurre et de morceaux de lard de poitrine, mettez les pois, mouillez de bouillon, faites cuire à petit feu.

Pigeons à diverses sauces. On peut les mettre en daube, à la poêle, au jambon, au parmesan, aux navets, en timbale, en terrines. On peut les *braiser* et les servir sur des *purées* ou des *sauces tomate, ravigote*, aux *champignons*, etc. On en fait des pâtés, des tourtes, etc.

Canard, caneton (*Roti*). Le canard sauvage est plus estimé que le canard domestique.

Le canard domestique peut s'accomoder de beaucoup de manières, mais le canard sauvage ne doit figurer que rôti. On le prépare comme toute autre volaille; on le barde ou non, on l'embroche et on l'arrose pendant sa cuisson avec du beurre qu'on a mis dans la lèchefrite avec jus de citron, poivre ou muscade râpée.

Quelques gourmets, sans le débrocher, lorsqu'il est à moitié cuit, soulèvent avec un couteau les ailes et les cuisses, et incisent les filets sans les détacher, saupoudrent de muscade râpée l'intérieur des fentes et expriment ensuite le jus d'un citron, puis achèvent la cuisson en l'arrosant. On le sert alors sur des tranches de citron.

Quant au canard domestique, on fera bien, après l'avoir vidé, de le saler en dedans et d'y fourrer des herbes aromatiques. On le rôtit comme le canard sauvage. On peut le farcir de marrons, chair à saucisse, de champignons, mais il faut faire cuire préalablement les garnitures, car le canard doit se manger peu cuit.

Servez sur des tranches de citron.

Canard en salmis. Le canard rôti ou sa desserte s'accommode très-bien en salmis.

Canard aux navets. Faites roussir des oignons dans

du beurre, avec une pincée de farine et un peu de sel; passez votre canard dans ce roux, en le retournant; mouillez d'eau; ajoutez du lard et quelques aromates. A moitié cuisson, ajoutez des navets auxquels, si vous le voulez, vous avez fait prendre couleur. Lorsqu'ils sont cuits, et un peu avant de servir, ajoutez un morceau de sucre; que votre sauce soit bien liée. Servez le canard entouré de navets et sur la sauce.

Canard aux olives. Faites comme pour le canard aux navets et tournez-le dans le roux; faites blanchir des olives en versant dessus de l'eau bouillante et les y laissant cinq minutes, rafraîchissez-les et mettez-les avec le canard un peu avant de servir. Il est mieux d'ôter les noyaux, mais ce n'est pas indispensable.

On pourrait cuire le canard dans une braise et mettre les olives dans le jus, qu'on fait réduire.

Canetons aux pois. Faites un roux dans lequel vous mettez du lard, tournez le caneton dans ce roux. Mouillez d'eau, ajoutez épices, bouquet garni, puis les pois; faites cuire à petit feu.

Canard à la chipolata. Voyez *Perdrix*, page 96.

Canard aux oignons. Voyez *Pigeons en compote*.

Canard à la purée. Faites cuire en daube et servez sur une purée quelconque.

Oie à la broche. Procédez comme pour le canard. L'oie est plus longue à cuire que les volailles blanches. On peut la farcir de marrons entiers ou hachés avec de la chair à saucisse.

Oie en salmis. Les restes se mettent en salmis.

Oie en daube. Comme la dinde ou le veau, il faut dégraisser, surtout si votre bête est grasse.

Cuisses d'oie grillées. Trempez-les dans la graisse, panez, faites griller et servez sur une sauce très-relevée, tartare, Robert, ravigote, ou sur une purée préparée à la graisse d'oie et bien épicée.

Abatis d'oie. Traitez-les comme les abatis de dindon, mais ils produisent peu et figurent mieux dans le pot-au-feu.

Sanglier. — Côtelettes. Foncez une casserole avec beurre, persil, ciboules, gousse d'ail hachés, épices concassées, herbes aromatiques, et sur ce lit placez vos côtelettes ; avant que la cuisson ne soit complète, retirez-les de la casserole et laissez les côtelettes dans cette cuisson pendant vingt-quatre heures. Achevez ensuite de faire cuire, dégraissez et accompagnez la sauce de filets de cornichons.

Filets de sanglier (*Entrée*). Traitez-les comme les côtelettes, que les tranches soient un peu épaisses.

Cuissot de sanglier. Faites-le bien mariner pendant six jours et mettez-le à la broche, en l'arrosant avec sa marinade, ou faites-le cuire dans une braise.

VOLAILLE.

Manière de les préparer. Il faut les *plumer* avec soin, et avec la pointe du couteau enlever, autant que possible, tous les petits tuyaux qui restent dans la peau.

On *flambe* ensuite l'animal à la flamme de charbon de bois pour brûler ce qui reste de duvet de tuyaux, et n'employez pas le papier pour *flamber*, la fumée noircit votre bête et lui donne un mauvais goût.

Évitez, en flambant, d'approcher la bête trop près des charbons, afin que la peau ne ride pas.

Pour *vider*, vous fendez la peau du cou depuis la tête jusqu'à la naissance des ailes sans les séparer du corps; coupez le cou à sa naissance.

Vous trouverez près du cou un petit boyau que vous suivrez avec le doigt en le détachant, et vous arriverez à une poche que vous détacherez sans la crever. Après avoir commencé à vider l'animal par le haut, introduisez votre doigt par le bas ; tournez-le autour des reins pour en détacher les intestins; retirez-les avec précaution de crainte de crever l'amer, en vous assurant qu'il est bien entier dans le foie.

Pour *trousser* une volaille, vous coupez le bout des ailerons et celui du croupion.

Faites une incision autour de l'os de la cuisse, un peu au-dessus de l'articulation ; repoussez la chair vers le haut, afin de mettre l'os à nu, et coupez-le à quatre centimètres au-dessus de l'articulation, puis tâchez de saisir et d'enlever les nerfs; refoulez les cuisses repliées vers l'estomac, que vous maintenez de l'autre main et sur lequel vous pesez autant que vous le pouvez.

Pour *brider*, les cuisiniers se servent d'une grosse aiguille et de petite ficelle à laquelle ils font faire un trajet assez compliqué à travers les cuisses, les ailes et le corps de l'animal; je vous conseillerai de ficeler simplement les membres contre le corps, en faisant du tout un corps bien compacte et bien rond.

Manière de les désosser. C'est une opération assez dificile que de désosser une volaille, et il n'est pas moins difficile de décrire clairement la manière de le faire. Le mieux, pour une personne inexpérimentée, serait de le voir faire une ou deux fois.

Vous épluchez et flambez votre volaille sans la vider. Coupez les pattes un peu au-dessus du jarret et les ailerons à leur articulation. Fendez la peau du cou; ne la coupez que près de la tête et coupez le cou à la naissance des ailes. La peau du cou reste ainsi attachée à l'animal, et servira à recouvrir le vide que laisse l'amputation du cou. Fendez la peau du dos depuis le cou jusqu'au croupion, et arrêtez-vous là. Avec un couteau à lame aiguë, détachez la chair des os, en tirant de la main gauche la peau et les chairs qui y sont adhérentes. Lorsqu'on a opéré sur une moitié du dos, on passe à l'autre. On aura soigneusement détaché toute la chair des os de la carcasse, en ayant soin de ne pas endommager la peau.

Coupez les ailes et les cuisses à leur jointure au corps. Vous passez à l'estomac que vous désossez de la même manière. Tout tient encore par le croupion; coupez le croquant en dessous, de manière que le croupion reste attaché à la volaille et non à la carcasse. Retirez les os des moignons des ailes et des cuisses en les prenant par un bout et les tirant, tandis qu'avec un couteau vous grattez autour pour en détacher la chair. Ceci fait, avec la pointe du couteau enlevez les fibres, les nerfs des cuisses et de l'estomac, et, en garnissant votre volaille ainsi désossée, donnez-lui la forme qu'elle avait primitivement.

Manière de les découper crues. Passez la lame du couteau entre la cuisse et le corps, tandis que de la main gauche vous l'écartez en la renversant; coupez les nerfs qui l'attachent au corps dans la jointure de l'os, ce qui achève de la détacher; elle doit avoir la forme d'un petit jambon. Opérez de même pour l'autre cuisse.

Coupez la patte un peu au-dessus du genou, cassez l'os au milieu de la cuisse et retirez-en le bout; coupez l'extrémité de la patte et les ongles. Séparez l'aileron de l'aile et supprimez-en l'extrémité. Passez le couteau dans la jointure de l'aile au corps, tandis que de l'autre main vous écartez doucement l'aile du corps. N'enlevez pas avec les chairs de l'estomac. Coupez les peaux et les os des flancs, ceux de la carcasse à la hauteur des reins pour les séparer de l'estomac, et coupez chacune de ces deux parties en travers, de manière à former quatre morceaux. Parez toutes les parties en supprimant les déchiquetures que vous pourrez utiliser, ainsi que le cou et le gésier, pour le pot-au-feu ou pour quelque farce.

Manière économique de les truffer. Pelez quelques truffes et pilez les épluchures avec de la graisse épurée, soit de veau, soit de porc, un peu de chair à saucisse, si vous pouvez vous en procurer de jeune porc et non épicée, et deux jaunes d'œufs, ou vous les amalgamez avec une farce fine peu épicée et un peu grasse. Mettez le tout dans l'intérieur de la volaille avec les truffes coupées en morceaux.

Autre. Prenez un quart de beurre que vous assaisonnez de poivre et de sel; mettez-le dans l'intérieur de la volaille avec les truffes coupées. Dans ce cas les pelures ne s'emploient pas.

Autre. Introduisez le doigt entre la peau et la chair de l'estomac pour la détacher de dessus les filets; glissez des morceaux de truffe émincés entre la peau et la chair, et mettez dans l'intérieur une farce mêlée aux épluchures hachées. Les volailles en étalage chez les charcutiers ne sont pas truffées autrement, et n'ont exigé souvent qu'une seule grosse truffe.

La farce que vous mêlez aux épluchures de truffes doit être peu épicée et peu aromatisée, sans cela vous neutralisez l'arome du tubercule.

N'adoptez jamais la méthode de faire bouillir préalablement les truffes dans la graisse; le parfum de la truffe est si délicat, si volatile, qu'il s'en échappe une grande partie pendant cette ébullition.

Capilotade. C'est une manière d'accommoder la desserte de volaille. Mettez dans un roux blanc, persil, échalotes hachés, ajoutez aussi champignons hachés, sel et poivre, mouillez de vin blanc et de bouillon, mettez-y mijoter, pendant un quart d'heure, vos débris de volaille, et servez après avoir dégraissé, avec un entourage de croûtons.

Croquettes de volaille. Hachez des champignons en quantité égale au quart de vos chairs de volaille que vous coupez en petits dés, puis procédez comme pour les croquettes de veau (page 78).

Mayonnaise de volaille. Mettez au fond d'un saladier des feuilles tendres de salade (plutôt de laitue) avec sel, poivre, deux cuillerées de vinaigre et un peu d'huile; disposez dessus ce fond vos morceaux de volaille, rôtis ou bouillis, que vous avez dépecés et dont vous avez enlevé des filets, et quand tous vos morceaux sont groupés, masquez-les peu à peu de votre mayonnaise. Coupez en quatre deux œufs durs, vos cœurs de laitue, et décorez votre saladier en alternant les quartiers d'œufs, les cœurs de laitue, les filets d'anchois, et parsemez le tout de câpres et même de fleurs de capucines. Si vous n'employez pas de salade, faites de votre volaille une pyramide que vous décorez de tranches de gelée, de cornichons, etc.

Galantine de volaille. Désossez les membres, enlevez des filets de chair pour en garnir les parties qui n'en ont pas, assaisonnez et remplissez votre bête de farce; enveloppez-la dans une crépine en la ficelant; faites-la bouillir pendant une heure ou une heure et demie dans du bouillon, dans de la gelée, dans une braise peu épicée, et lorsqu'elle est cuite, laissez-la refroidir dans la cuisson; servez avec la gelée autour.

Croustades. Coupez des ronds de mie de pain de trois ou quatre centimètres d'épaisseur; évidez adroitement l'intérieur, de manière que chaque morceau ne forme plus qu'une espèce de tube; faites-les frire dans du beurre ou dans de la friture neuve, ainsi que des lames rondes qui serviront de couvercle. Remplissez-les d'un hachis ou d'une purée de volaille; posez les couvercles et rangez vos croustades sur un plat.

Lorsqu'on veut leur donner un aspect plus agréable, on taille les mies de pain en ovales, se terminant presque en pointe à une extrémité et une seule en cylindre; quand on les sert, on dispose le cylindre au milieu du plat, et, comme d'un centre, rayonnent toutes les croustades, les pointes tournées vers le cylindre.

Poulet rôti. Coupez le bout des pattes et celui des ailes que vous troussez en ramenant les ailerons en arrière. Aplatissez l'estomac avec la paume de la main; coupez le cou aux épaules, en laissant un morceau de peau pour recouvrir le trou. Vous pouvez laisser le cou et la tête, mais alors vous coupez la partie supérieure du bec à la hauteur de la crête; vous faites passer le cou sous l'aile droite, et introduisez le bout de la patte droite dans la partie inférieure du bec. Refoulez bien les cuisses contre l'estomac, les pattes étendues, et ficelez, afin de maintenir les cuisses et les ailes dans la position que vous leur avez donnée. Si vous bardez, la ficelle servira à maintenir aussi la barde de lard. Coupez le nerf des pattes afin que le feu ne les fasse pas retirer, faites rôtir à feu clair; pendant la cuisson, arrosez avec de l'eau salée mêlée d'un peu de beurre.

Quand, au lieu d'un rôt, vous voulez préparer un poulet pour *entrée*, avant de le flamber vous coupez le cou près des épaules en laissant un morceau de la peau que vous rabattrez sur les reins; vous coupez les pattes à la jointure avec les moignons; vous incisez les deux côtés de la volaille un peu au-dessus de l'extrémité des moignons, que vous fourrez dans les ouvertures, de manière que l'animal semble avoir ses pattes dans ses poches. Flambez et ficelez pour maintenir les membres dans la position que vous leur avez donnée.

Poulet à l'estragon (*Entrée*). Hachez de l'estragon, ainsi que le foie du poulet, mêlez une partie de l'estragon avec ce foie, du beurre, du sel et du poivre; garnissez de cette farce l'intérieur de votre poulet.

Bardez-le et entourez-le d'une feuille de papier beurré; faites rôtir; préparez une sauce avec le reste de votre estragon haché, beurre fondu, une pincée de farine; mouillez de bouillon avec jaunes d'œufs et filet de citron.

Servez sous le poulet.

Poulet grillé. Faites-le mariner quelques heures dans l'huile avec persil, tranches d'oignons, épices. Enveloppez-le de cet assaisonnement, que vous maintenez avec bardes de lard et papier huilé ou beurré, et mettez sur le gril, à feu très-doux. Déballez-le, supprimez l'entourage et servez sur une ravigote ou autre sauce de haut goût.

Poulet farci (*Entrée*). Faites une farce avec chair à saucisse à moitié cuite, épices, herbes aromatiques, mie de pain, beurre et jaunes d'œufs crus. Quand tout est bien amalgamé, garnissez-en l'intérieur du poulet et faites rôtir.

Faites une sauce avec beurre manié de farine; mouillez de bouillon, ajoutez anchois hachés, ou pâte d'anchois (page 44), épices, filet de vinaigre; faites lier sur le feu.

Poulet à la tartare (*Entrée*). Supprimez le cou et les pattes, fendez-le par le dos et aplatissez-le; mettez-le dans une casserole avec beurre, épices, ciboule et persil hachés; quand il a pris une belle couleur de tous les côtés, panez-le et faites-le griller à feu doux; servez sur une sauce à la tartare.

Poulet sauté. (Voyez *Levrau sauté*, page 93.)

Poulet en matelote. Coupez-le comme pour la fricassée, ainsi qu'il est dit page 105. Faites cuire, avec beaucoup de petits oignons, dans du bouillon, avec une barde de lard, et salez.

Faites cuire dans une autre casserole des tronçons d'anguille, avec vin, bouquet garni, etc., comme pour une matelote, en mouillant avec la cuisson du poulet. Réunissez les morceaux de poulet et les tronçons d'anguille; dressez en pyramide, que vous entourez de petits oignons et de croûtons frits et saucez après avoir fait réduire. On peut joindre à l'entourage quelques écrevisses.

Poulet aux huîtres. Faites cuire votre poulet dans une sauce poulette; faites jeter quelques bouillons à des huîtres dans leur eau. Retirez-les une à une pour les mettre dans votre sauce; laissez reposer l'eau de cuisson, et versez-en la partie claire dans la sauce du poulet, qui doit être un peu épaisse; vous pouvez l'allonger avec un peu de jus, de bouillon; ajoutez jus de citron.

Poulet à la Marengo (*Entrée*). Dépecez l'animal en coupant chaque membre en plusieurs morceaux; assaisonnez de poivre et sel; mettez dans une casserole un demi-litre d'huile, ou moitié huile et moitié beurre; faites prendre couleur à vos morceaux des deux côtés et laissez cuire.

Quand la cuisson est presque complète, saupoudrez d'un peu de farine et remuez; mouillez avec un verre de chablis et un peu de jus ou de bouillon. Faites bouillir, ajoutez des champignons, quelques ronds de truffes même, si vous le voulez, un peu de persil finement haché. Le poivre doit un peu dominer. Servez à courte sauce.

On peut remplacer le chablis par un verre de vin blanc et un jus de citron.

On attribue cette préparation au cuisinier de Napoléon qui, manquant de beurre à Marengo, accommoda le poulet entièrement à l'huile.

En souvenir de cette mémorable victoire, on ne sert

qu'une patte, l'autre est restée sur le champ de bataille.

Poulet aux champignons (*Entrée*). Procédez comme pour le poulet à la Marengo, mais en n'employant que du beurre. Servez avec un entourage de croûtons taillés en cœurs.

Poulet à la paysanne. Faites revenir un poulet entier ou coupé par morceaux, à votre choix; quand il a pris couleur, ajoutez deux cuillerées d'eau-de-vie, eau ou bouillon, sel, poivre, oignon piqué de clous de girofle, et trois ou quatre carottes coupées par tranches rondes. Laissez cuire doucement.

Poulet en fricassée (*Entrée*). Lorsque votre poulet a été préparé, coupez-le par morceaux comme il a été indiqué page 105, et faites-le tremper dans l'eau froide. Délayez une cuillerée de farine dans du beurre fondu, sans le laisser roussir; mouillez avec de l'eau, mettez épices, bouquet, petits oignons, fonds d'artichauts, ciboules. Faites cuire doucement pendant trois quarts d'heure; ajoutez champignons, verjus, citron ou vinaigre; liez avec des jaunes d'œufs. Vous pouvez garnir d'écrevisses et de croûtons.

Vous conservez mieux la blancheur de la chair, si vous la frottez d'abord de citron, et en couvrant pendant la cuisson d'un rond de papier.

Pour dresser, on place d'abord le cou, le gésier; les cuisses sur les côtés, puis les ailes à côté des cuisses; au-dessus l'estomac, le croupion; couronnez avec les ailerons; saucez le tout en ayant soin de répartir les garnitures également.

Poulet frit. C'est principalement les restes d'une fricassée que vous accommodez ainsi; vous revêtez chaque morceau de la sauce froide, vous les panez. Battez des œufs comme pour une petite omelette, trempez vos morceaux, repanez, faites frire. Servez avec persil frit.

Remarque sur les diverses préparations du poulet et de la poularde. La base de toutes les préparations variées qu'on trouve dans les livres est la sauce de poulet au blanc, dans laquelle on fait entrer le jus ou le bouillon de la cuisson. Toutes les dénominations de *financière*, *toulouse*, etc., ne désignent que des modifications introduites par l'emploi des *quenelles*, des *crêtes* et des *rognons* de coq, des *truffes*, des *champignons*. N'usez que très-modérément des épices et des aromates énergiques, et n'oubliez jamais le jus de citron.

Chapon au gros sel (*Relevé*). Couvrez son estomac d'une feuille de papier beurré; mettez-le dans une casserole avec assez d'eau pour qu'il baigne à moitié, sel, lard gras, thym, laurier, bouquet, oignons, carottes; faites cuire à petit feu.

Dégraissez une partie de la cuisson et faites-la réduire jusqu'à ce qu'elle prenne une couleur brune; mouillez d'un peu d'eau pour la détacher de la casserole; ajoutez de la cuisson; faites mijoter de nouveau, liez avec de la fécule et saucez votre chapon.

Chapon au riz. Procédez comme pour le chapon au gros sel. Prenez, sans la dégraisser, une moitié de la cuisson pour cuire le riz que vous avez pu faire crever un peu à l'eau. Avec le reste de la cuisson, faites une sauce comme celle au gros sel; glacez le riz et le chapon avec votre sauce, et servez sur le riz.

On peut ajouter au riz de la poudre de kari.

Poule au riz. Comme ordinairement on commence par la faire cuire dans le pot-au-feu, quelques personnes, pour lui rendre du goût, la font un peu mariner. Procédez ensuite comme pour le chapon, et c'est dans ce cas qu'un assaisonnement au kari fait merveille.

Le riz peut être crevé dans le pot-au-feu dans une boule métallique (page 23).

Poule en fricassée. Il est indispensable de la faire bien mariner, après l'avoir retirée du pot, et d'assaisonner la fricassée de citron et d'épices, pour relever le goût de la poule qui a perdu à peu près tout son suc.

Poule aux oignons (*Entrée*). On la retire du pot-au-feu à moitié cuite, on la passe dans un roux de lard et de beurre. Quand elle est bien revenue, on mouille de bouillon et on pousse l'ébullition pendant une heure avec bouquet garni, épices et oignons.

On peut accommoder les oignons en purée.

Dindon rôti. Si vous le troussez pour rôtir, laissez les pattes allongées; si c'est pour entrée, fourrez les moignons dans des incisions faites dans les flancs (voyez page 108), et si on le barde il faudra, au moment de servir, retirer la barde, pour lui faire prendre couleur; on le sert avec cresson.

Dindon farci. On peut hacher quelques marrons rôtis, des champignons, des fines herbes avec de la chair à saucisse et garnir en outre la bête de marrons entiers.

Dindon dans son jus (*Entrée*). Foncez une casserole de tranches de veau; mettez le dindon et couvrez-le de bardes de lard; ajoutez du bouillon, bouquet garni, épices. Faites cuire à feu doux.

Dinde truffée. Comme elle est plus délicate que le mâle, on la choisit pour ce mets d'apparat.

Voyez manière de truffer, page 105.

Dinde en daube. Si vous n'êtes pas bien certain que que votre bête soit tendre, n'hésitez pas à la mettre en daube. Lardez-la de gros lardons bien assaisonnés. Vous pouvez la farcir. Mettez-la cuire pendant cinq heures avec tout ce qu'il faut pour composer une braise, trois cuillerées à pot de bouillon, deux verres d'eau-de-vie ou de chartreuse; fermez hermétiquement votre marmite ou votre daubière, en entourant les bords du couvercle d'un torchon mouillé.

A moitié cuisson, retournez l'animal. Dégraissez la sauce, passez-la au tamis. Dressez, et servez la garniture autour.

On peut la servir froide avec sa gelée.

Dinde à la flamande. Faites-la cuire dans une braise, et vous l'entourerez de laitues cuites au jus. Faites réduire le jus de la dinde avec de la sauce liée (page 35), que vous servez à part.

Abatis de dindon en fricassée de poulet (*Entrée*). Traitez-les comme pour une fricassée de poulet.

Abatis en haricots. Coupez-les en morceaux et faites-les roussir; mouillez de bouillon; ajoutez des navets, petit lard que vous avez fait revenir; des pommes de terre, si vous le voulez, bouquet et épices.

Faites cuire doucement pendant trois heures. Vous pouvez aussi traiter les abatis comme le canard aux navets; c'est très-bon.

Les membres, les restes d'une volaille peuvent être traités en *papillotes*, en *salmis*, en *croustades*, en blanquette, avec *béchamel*, grillés, frits, etc.

Voyez l'*Art d'accommoder les restes.*

POISSON DE MER.

Court-bouillon pour toute espèce de poissons. Coupez en rouelles carottes, oignons, panais, navets et faites-les bouillir dans de l'eau vinaigrée avec thym, persil, laurier, sarriette, ail, céleri, cerfeuil et lard gras ou beurre. Faites réduire sur un feu flambant; passez votre court-bouillon et conservez-le en bouteilles pour vous en servir à l'occasion.

Si, au lieu de vinaigre, vous mettez une bouteille de bon vin blanc, votre court-bouillon n'en sera que meilleur. Si c'est du vin rouge, vous aurez ce qu'on appelle un court-bouillon au *bleu.*

Chaque fois que vous vous en servirez, ajoutez-y une bouteille de vin, et même du madère si vous le pouvez, ou un peu d'eau-de-vie. Lorsque votre poisson est cuit, vous passez votre court-bouillon et le mettez en bouteilles.

Plus il sert, meilleur il est. Si vous pouvez vous procurer du vin du Midi, très-chargé d'alcool, mettez-y le feu lorsque votre poisson bout sur un feu ardent; il prendra mieux le goût du court-bouillon.

L'inconvénient du court-bouillon, c'est de donner presque le même goût à toutes les espèces de poissons.

Si l'on pouvait faire cuire le poisson dans l'eau de mer, on apprécierait bien mieux la saveur particulière à chaque espèce; il faudrait, si l'on est loin de la mer, le faire cuire simplement à l'eau salée ; mais il faudrait avoir du poisson extrêmement frais.

Bonne eau. On appelle ainsi de l'eau dans laquelle on fait bouillir du persil en branches, des ciboules entières, une feuille de laurier avec addition de sel. Elle sert à faire cuire du poisson.

Esturgeon en matelote. Coupez-le en tranches minces que vous faites cuire des deux côtés dans du beurre avec sel et gros poivre. Retirez-les et faites une sauce matelote ; lorsqu'elle a bouilli, mettez-y vos tranches, et ne laissez plus bouillir ; lorsqu'elles sont bien réchauffées, dressez-les entourées de ronds de mie de pain frits dans le beurre ; couvrez de câpres hachées et versez la sauce sur le tout.

Esturgeon braisé. On le larde de lardons assaisonnés et on le fait cuire dans une braise au vin blanc. Servez avec une sauce piquante dans laquelle vous mettez de votre cuisson.

En fricandeau. Enlevez la peau, piquez-le et traitez-le comme un *fricandeau de veau.*

Saumon. Si vous avez un saumon entier et que vous ne vouliez pas le manger à un seul repas, faites-le cuire au court-bouillon, mangez-en la partie qui vous convient, coupez le reste en tranches que vous mettez dans un vase dont l'ouverture ne soit pas très-étroite, qu'elles baignent dans le court-bouillon. Recouvrez d'une mince couche d'huile; bouchez, et, chaque fois que vous en voudrez manger, vous en retirerez du court-bouillon des tranches que vous accommoderez à votre guise.

Saumon au court-bouillon. Après l'avoir fait cuire au court-bouillon (page 113), servez-le avec une sauce froide (page 35).

Saumon aux câpres. Faites-le griller enveloppé dans une feuille de papier beurré, et servez-le sur une sauce blanche aux câpres. S'il n'a pas été cuit préalablement au court-bouillon, il faut commencer par le faire mariner dans une marinade à l'huile et l'envelopper dans sa marinade pour le faire griller.

Saumon à la maître-d'hôtel, Procédez pour vos tranches de saumon comme pour les maquereaux à la maître-d'hôtel (page 121).

Saumon en fricandeau. Piquez et traitez votre saumon comme un morceau de veau en fricandeau (page 72).

Saumon en papillotes. Comme les papillotes de veau (page 106).

Mayonnaise de saumon. Émincez-le en tranches de deux pouces de diamètre, et traitez-le comme la mayonnaise de volaille (page 106).

Escalopes de saumon. Si le saumon n'a pas été cuit au court-bouillon, faites sauter vos escalopes dans le beurre et servez avec une sauce à l'italienne.

Saumon salé. Faites-le dessaler et cuire à l'eau ; au premier bouillon, écumez et retirez-le du feu; faites égoutter et servez-le en salade, avec une mayonnaise ou sur une purée.

Saumon fumé. Coupez-le en tranches minces et préparez-les comme les harengs saurs, page 127. Faites-le sauter à l'huile ou au beurre; servez sur un morceau de beurre manié de fines herbes, et arrosez de quelques gouttes de citron.

Anguille de mer. Lavez à plusieurs eaux et essuyez-la; coupez en tranches épaisses que vous saupoudrerez de sel; si vous devez les servir avec une sauce bien relevée, faites-les griller ou faites les cuire dans de l'eau et du sel, avec poivre.

Mais si vous devez les manger avec une préparation blanche, faites d'abord mariner vos tranches.

On peut aussi les manger au beurre noir.

Enlevez la peau qui a une mauvaise odeur.

Anguille de mer sautée. Mettez dans une casserole, beurre, ciboule, persil hachés, sel et poivre; faites-y roidir, des deux côtés, des tranches d'anguille de l'épaisseur d'une pièce de cinq francs ; faites une sauce blanche liée de jaunes d'œufs, avec addition d'un morceau de beurre manié de pâte d'anchois ou quelques gouttes de sauce d'anchois (page 44). Tournez bien le tout et versez sur vos tranches que vous aurez laissées au feu un peu plus longtemps que celles d'autres poissons.

Turbot. On le vide, on le lave à l'intérieur et à l'extérieur, et on fend la peau du dos près de la tête; on enlève la partie de l'arête dorsale qui y correspond et celles qui se rattachent à celle-ci. On maintient la tête en nouant une ficelle à l'arête qui est restée et à l'os du bas d'une des nageoires; on ébarbe celles-ci et on coupe le bout de la queue, on frotte tout le turbot avec du jus de citron et on le met cuire dans un court-bouillon auquel on mêle du lait. On fait partir à feu vif, et aux premiers bouillons on le diminue. On couvre le poisson d'un papier beurré et on laisse achever la cuisson. On l'égoutte, puis on le place, avec un entourage de persil, sur une planche recouverte d'une serviette. Entre les deux, mettez une poignée d'herbes aromatiques pour faire saillir l'estomac du poisson. Servez avec une sauce blanche et des câpres à part. On sert quelquefois deux saucières, dont l'une contient une sauce aux moules, aux huîtres, aux tomates, etc.

Turbot à la hollandaise. Faites-le cuire à l'eau salée, et servez-le avec de petites pommes de terre longues cuites à l'eau salée, bien chaudes, avec beurre fondu, sel, poivre concassé, jus de citron ou de vinaigre.

Les reliefs de turbot peuvent se manger avec béchamel, en salade, frits, grillés ou après panure à l'anglaise.

Mayonnaise de turbot. Coupez proprement des morceaux de turbot cuit, et ôtez-en la peau; assaisonnez-les comme une salade, avec vinaigre aromatisé, ravigote hachée. Dessus, placez les morceaux de turbot entourés de cœur de laitues, entremêlés d'olives, de filets, d'anchois ou de harengs saurs crus (page 127), et de quartiers d'œufs. Versez une mayonnaise sur le tout.

Barbue. Se prépare et se cuit comme le turbot et reçoit les mêmes accommodements.

Raie. Les morceaux les plus estimés sont les ailes; mais d'autres morceaux sont aussi très-bons pour une table bourgeoise.

Faites cuire votre morceau de raie à grande eau, avec

sel, poivre, bouquet et un verre de vinaigre; on peut ajouter thym, laurier, etc.

Lorsque l'ébullition commence, mettez le foie; retirez la casserole, couvrez-la d'une serviette et attendez que votre main puisse supporter la chaleur de l'eau. Grattez la raie, enlevez la peau du dos, ainsi que les piquants, supprimez les gros os des ailes, coupez les nageoires et accommodez-la.

Raie à la hollandaise. Pommes de terre cuites à l'eau, beurre fondu, jus de citron.

Raie à la sauce blanche. Il faut que votre raie soit extrêmement fraîche. Versez dessus une sauce blanche aux câpres.

Raie au beurre noir. Saucez-la d'un beurre noir (page 41); servez avec persil frit, et arrosez de vinaigre chauffé dans la poêle.

Raie aux champignons. Faites cuire pendant quelques minutes des champignons dans de l'eau vinaigrée; hachez-les avec persil et ciboule; faites-les cuire un peu dans le beurre avec du sel, ajoutez du citron et garnissez-en votre raie, cuite comme il a été indiqué.

Raie au beurre blanc. Après l'avoir fait blanchir, écrasez le foie de la raie dans du beurre qui fond, ajoutez des fines herbes hachées, sel, poivre; tournez bien le tout, ajoutez jus de citron, et versez sur un plat chaud, votre raie par-dessus.

Cabillaud ou morue fraiche. On le vide par les ouïes, on le lave, on met une poignée de sel dans l'intérieur, on le couvre de sel à l'extérieur et on le laisse ainsi environ deux heures.

Cabillaud au court-bouillon. Faites-le cuire au court-bouillon et servez-le avec une des sauces indiquées pour le poisson, et avec l'une des préparations indiquées pour le turbot.

Cabillaud au gros sel. On le fait cuire à l'eau très-salée, après lui avoir ficelé la tête; on le sert à sec, sur une serviette, avec persil autour et accompagné d'une sauce à la crème.

Les restes s'accommodent au *gratin*, au *fromage*, à la *sauce tomate* avec *béchamel*, etc.

Morue salée. Préférez celle dont la peau est noire dont la chaire est blanche, à feuillets épais. Faites-la dessaler pendant deux jours, en renouvelant l'eau. Goûtez-la pour vous assurer qu'elle l'est suffisamment.

Morue au blanc. Mettez-la cuire à l'eau froide. Lorsqu'elle commence à bouillir, écumez et retirez du feu. Faites un roux blanc avec muscade, poivre ; mouillez de crème ou de lait. Faites égoutter votre morue, mettez-la dans cette sauce pendant quelques minutes et servez. Avant de servir, goûtez votre sauce. Vous pouvez y ajouter des câpres, de la pâte d'anchois (page 44).

Morue à la hollandaise. Comme le cabillaud ou le turbot.

On peut faire cuire les pommes de terre avec la morue ; on peut aussi l'entourer de pommes de terre sautées au beurre.

Morue en salade. Après l'avoir fait égoutter, assaisonnez-la en salade.

Morue à la maître-d'hôtel. Vous pouvez la servir comme le maquereau (page 121).

Vous pouvez aussi l'ajouter à une sauce à la maître-d'hôtel, où vous aurez fait entrer de l'eau de la cuisson. Vous lierez bien votre sauce quand votre morue y aura pris goût. Servez avec un jus de citron ou une cuillerée de verjus.

Morue à la béchamel. Déchiquetez votre morue, mettez-la dans une béchamel, et servez après quelques minutes.

Morue au fromage. Mettez dans votre béchamel du fromage de gruyère et du parmesan en lames. Lorsque votre morue y est placée, recouvrez le tout de mie de pain et de fromage râpé, arrosez de beurre tiède ; feu dessus et dessous, pour gratiner un peu.

Morue à la provençale. Sur un plat allant au feu, disposez un lit de persil, oignons, ail, échalotes, hachés menu, poivre, tranches de citron, moins le zeste et les pepins ; une bonne cuillerée d'huile, quelques morceaux de beurre. Placez dessus votre morue cuite à l'eau salée, recouvrez-la d'une couche pareille à celle de dessous ; feu dessus et dessous.

Morue en brandade. Après avoir désossé votre morue, séparez les feuillets et mettez-les dans une casserole avec beurre, persil bien haché, un peu d'ail écrasé ; mettez la casserole sur un feu très-doux, sans jamais laisser bouillir. Vous pouvez laisser la morue en feuillets, ou l'écraser avec une cuiller de bois. Mouillez d'eau bouillante, ou mieux avec de la crème. Versez de l'huile, goutte à goutte, en imprimant à la casserole un mouvement de rotation, ou tournez sans cesse avec une cuiller de b ois Lorsque votre sauce, bien unie, crémera, que la morue sera comme une pâte, ajoutez un zeste de citron, un peu de ketchup (page 43), et un peu de gros poivre. Dressez en pyramides et, si vous le voulez, garnissez de croûtons frits.

On peut servir dans une croûte de vol-au-vent.

La morue peut se manger au beurre noir.

Soles. On les vide, on les écaille, on les nettoie, et on supprime ordinairement la queue, la tête et la peau du dos, qu'on arrache.

Soles au naturel. Après les avoir préparées, mettez-les dans le sel pendant quelques minutes pour les raffermir. Faites-les cuire dans l'eau salée, égouttez-les et servez-les entourées de persil sur du beurre.

Servez à part des pommes de terre cuites à l'eau.

Soles à la maître-d'hôtel. Incisez-les légèrement et à distance sur le dos et le ventre. Faites-les cuire à l'eau salée ; faites une maître-d'hôtel avec lait ou crème et de la civette ; placez du persil autour de vos soles et accompagnez-les de votre sauce et de pommes de terre bouillies ou cuites dans la cendre.

Soles à la hollandaise. Cuites à l'eau salée ; accompagnez-les d'une sauce hollandaise, page 38, et de pommes de terre cuites à l'eau.

Soles frites. Otez la peau et la queue, incisez le dos,

trempez-les dans du lait et farinez-les bien; mettez-les dans une friture bien chaude, en les plongeant par la tête. Lorsqu'elles sont égouttées, servez, en les entourant de branches de persil; servez en même temps des citrons. On peut ne faire frire que des *filets* de sole.

Si vous les faites d'abord mariner dans du jus de citron, gros poivre, branches de persil, vous aurez des *filets à la Orly*. Servez sur une sauce tomate.

Soles sur le plat. Faites une incision le long de la raie du dos, mettez dans un plat, sur un feu doux, quelques morceaux de beurre, persil et échalotes, hachés menu, épicez; placez vos soles, versez un verre de vin blanc, saupoudrez de chapelure et arrosez légèrement de temps en temps de beurre fondu; dix minutes, après ajoutez (si vous le voulez) champignons hachés, faites mijoter encore cinq minutes, et passez à plusieurs reprises une pelle rougie pour faire gratiner un peu. Les champignons vous donneront de l'eau; pour que votre sauce ne soit pas trop longue, activez un peu le feu ou faites cuire un peu plus longtemps.

Sole parisienne. Mettez sur un feu vif une casserole contenant beurre, persil, ciboule hachés, épices, et vos soles dont vous avez supprimé la tête et la queue; arrosez de beurre fondu; remuez sans cesse le poisson; retournez-le, sans le briser, pour qu'il ne s'attache pas. Quand il est cuit, mettez-le sur un plat et versez dessus une sauce à l'italienne, dans laquelle vous faites entrer ce que vous avez de cuisson.

Sole normande. Prenez une sole de belle dimension, ratissez-la et enlevez la peau et mettez-la sur un plat avec du beurre bien frais, oignon émincé, fines herbes et champignons hachés, épices, un verre de vin blanc. Ajoutez un roux, mouillez de bouillon ou mettez-le avant tout. Rangez régulièrement des moules, des huîtres, dont vous avez enlevé les barbes, queues de crevettes, lames de truffes. Feu doux et four de campagne. Arrosez souvent avec la cuisson; servez quand la sole est cuite, avec courte sauce. L'opération demande à peine une demi-heure.

On peut flanquer ce plat d'un cordon d'écrevisses.

Des cuisinières font blanchir les moules et les huîtres.

Si dans la cuisson vous mouillez avec l'eau des coquillages à défaut de bouillon, mettez plus de beurre et point de sel dans l'assaisonnement. Goûtez toujours.

Filets à l'anglaise. Panez-les à l'anglaise, mettez-les sur le gril et servez-les sur une maître-d'hôtel, comme les maquereaux.

Filets à la provençale. Assaisonnez vos filets de sel, gros poivre, ail et persil hachés. Placez-les dans un plat avec huile d'olive, vin blanc et faites cuire au four.

Faites frire dans l'huile de gros oignons coupés en tranches; lorsqu'ils seront cuits et qu'ils auront pris couleur, disposez-les autour des filets; arrosez d'un jus de citron. On peut accommoder ainsi une sole entière dont on aura ôté la peau, la tête et la queue.

Limandes, carrelets, plies. Se traitent comme les soles.

Maquereaux sauce au beurre. Si vos maquereaux sont bien frais, faites-les cuire dans de l'eau salée et servez-les avec d'excellent beurre fondu.

Chacun ajoute, selon son goût, du jus de citron, des câpres, de la moutarde, de la sauce d'anchois (page 44).

Les maquereaux, cuits dans un petit court-bouillon, et servis à la maître-d'hôtel ou avec une sauce au beurre, offrent une chair très-moelleuse.

Maquereau à la maître-d'hôtel. Lorsqu'ils sont nettoyés, enveloppez-les d'un papier beurré et faites-les griller. Otez le papier, fendez les maquereaux par le dos et introduisez un morceau de beurre frais manié de fines herbes, d'une feuille d'oseille hachée, sel. Servez sur un plat chaud, et que les convives aient des assiettes chaudes.

On peut aussi faire griller le maquereau et servir séparément une sauce maître-d'hôtel bien assaisonnée de jus de citron.

J'ai mangé des maquereaux grillés qui, au lieu d'avoir été enveloppés de papier, avaient été entourés de sauge; le goût en était assez agréable.

Maquereau à l'anglaise. En Angleterre, j'ai mangé

des maquereaux ainsi préparés : on avait supprimé la tête, le bout de la queue et les nageoires ; on les avait fait griller et on les servit sur une sauce de groseilles à maquereau vertes.

La même sauce a accompagné aussi des maquereaux cuits à l'eau salée, dans laquelle on avait jeté une poignée de fenouil vert.

Maquereaux au beurre noir. Faites griller; arrosez d'un beurre noir les maquereaux entourés de persil.

Merlans frits. Faites de légères incisions tout autour, farinez-les et faites-les frire à feu vif.

Servez du citron avec.

Merlans grillés. Incisez, faites mariner dans de l'huile avec épices ; faites-les griller en les arrosant de la marinade.

Servez avec une sauce blanche aux câpres.

Merlans au gratin. Mettez-les sur un plat entre deux couches de beurre manié de farine, avec champignons, persil, ciboule hachés menu ; recouvrez de chapelure ; mouillez d'un demi-verre de vin blanc et un peu de jus ou de roux. Faites cuire avec feu, dessus et dessous.

Merlans à la bourgeoise. Faites-les mijoter dans du bouillon, avec sel, épices, fines herbes hachées, et servez-les dans cette sauce.

On peut améliorer ainsi cette préparation. Faites mijoter dans un plat, où vous avez mis un peu de bouillon, vos merlans que vous aurez placés tête bèche ; à moitié de la cuisson, retournez-les avec précaution, recouvrez-les de fines herbes hachées, ajoutez un peu de vin blanc, saupoudrez de chapelure et arrosez de temps en temps de beurre fondu.

Pour faire gratiner, mettez un couvercle avec de la braise enflammée.

On peut, aux fines herbes, mêler des champignons hachés.

Merlan sur le plat. Comme ci-dessus, vous beurrerez votre plat, vous mouillez de bouillon et de vin blanc par moitié avec la cuisson ; faites un roux ; liez votre sauce, versez-la sur vos merlans, arrosez de jus de citron,

Manières diverses. Ces préparations marquées pour la sole peuvent s'appliquer au merlan, dont on peut aussi n'accommoder que les filets.

Éperlans. Il ne faut les acheter que tout frais, ce que vous reconnaîtrez à la couleur nacrée de leurs écailles et aux teintes irisées qu'elles reflètent.

Éperlans frits. On les écaille, on les nettoie, on les essuie, on les trempe dans du lait, on les farine bien, on les enfile par les yeux, dans une brochette d'argent, de buis ou de bois, on les fait frire et on les sert sur un plat recouvert d'une serviette.

On peut les tremper dans des œufs battus avec du beurre tiède, sel, poivre, muscade, les rouler dans une panure fine, les laisser un peu sécher et les faire frire.

Servez-vous autant que possible d'une friture neuve.

Éperlans à la bonne eau. Après les avoir nettoyés et avoir supprimé les têtes et les queues, faites-les cuire pendant un quart d'heure dans de la bonne eau (page 114) et faites-les égoutter, dressez-les sur un plat, et versez dessus une sauce au beurre et à la moutarde. Servez avec des pommes de terre à part.

Manières diverses. Ils peuvent se faire *griller* et servir sur une maître-d'hôtel; on les accommode aussi au *gratin* à l'anglaise etc. Voyez les diverses préparations indiquées pour la sole.

Alose au bleu. Faites-la cuire dans un court-bouillon au vin rouge, et servez-la avec une *mayonnaise*, une *sauce* tomate, ou *au beurre*.

Alose grillée. Il vaut mieux toujours l'écailler; on conserve la queue, mais on coupe les nageoires. Vous pouvez après l'avoir préparée, la mettre pendant quelques heures dans une marinade à l'huile, mais cela n'est pas indispensable.

Faites-la griller et servez-la sur une maître-d'hôtel, comme le maquereau.

Elle figure bien aussi sur une *farce d'oseille*, une *sauce blonde*.

On peut l'envelopper d'un papier beurré pour la faire cuire.

Brême de mer ou Carpe de mer. Elle se cuit à la bonne eau, après avoir été marinée, et reçoit toutes les préparations des autres poissons.

Lamproie. Il faut l'écorcher vivante, après l'avoir limonée (page 21).

Faites-la cuire à l'*étuvée*, en matelote (voyez *carpe*). Elle se mange frite, grillée, à la tartare.

Voyez *anguille* (page 131).

Bar. Se traite comme le cabillaud (page 117).

Vive. Faites mariner, ôtez les piquants, faites griller et servez sur une ravigote ou autre sauce bien assaisonnée.

Mulet. Bon poisson qui s'accommode comme le *cabillaud*, le *merlan*, le *maquereau*.

Si vous le faites cuire au court-bouillon, servez avec une sauce maigre; grillé, servez avec une maître-d'hôtel ou sur une farce.

Rouget. Ne pas confondre avec un poisson à chaire rose et à très-grosse tête.

Le véritable rouget a la forme de la truite; c'est un poisson à chair très-délicate et il est rare de l'avoir bien frais à Paris.

On le fait cuire au court-bouillon, on l'écaille, on l'enveloppe de papier beurré et on le fait griller.

On le sert sur une sauce maître-d'hôtel ou sur une sauce à l'italienne.

Grondin. Poisson à tête énorme. Il se cuit très-promptement.

Grondin à la bonne eau. Faites-le cuire à la *bonne eau* (page 114), écumez et traitez-le comme le *cabillaud* (page 117).

Grondin à l'italienne. Faites-le mijoter dans du vin blanc avec du beurre et des tranches d'oignon, aromates et épices. Égouttez-le et servez-le sur une sauce à l'italienne.

Anchois. Il est rare à Paris de se procurer des anchois frais.

Nettoyez-les, essuyez-les; attelez-les en leur passant une brochette par les yeux; trempez-les dans une pâte légère et faites-les frire.

Servez avec les brochettes et persil frit.

Conservés dans l'huile ou dans la saumure, ils entrent ans beaucoup de ragoûts et de sauces.

Pour hors-d'œuvre on les fait dessaler, on les coupe en filets en supprimant les arêtes.

On prépare des œufs durs dont on hache les jaunes et les blancs séparément, on hache du persil, des câpres et on sépare les filets d'anchois par des compartiments jaunes, blancs, verts, en formant tels dessins que l'on veut.

Allumettes d'anchois (*Entrée ou hors-d'œuvre chaud*). Lavez vos anchois à plusieurs eaux, videz-les, ôtez les arêtes, nettoyez-les, essuyez-les parfaitement, et séparez-les par moitié dans le sens de leur longueur.

Pétrissez avec du beurre de la fleur de farine, ou achetez un morceau de pâte de boulanger, la plus fine qu'il fabrique, et maniez-la de beurre en la passant plusieurs fois au rouleau. Faites-en une abaisse très-mince que vous découpez en morceaux de la longueur d'un anchois et d'une largeur suffisante pour envelopper un filet d'anchois. Avec chaque moitié d'anchois que vous enfermez dans la pâte, vous faites une espèce d'allumette que vous fermez aux deux extrémités en appuyant sur l'enveloppe de pâte; faites frire et servez chaud.

Anchois en salade. On les lave à l'eau, puis au vin blanc et l'on fait une salade avec les filets, de la laitue, de la chicorée frisée et des œufs durs.

Anchois frits. Après les avoir nettoyés, on les trempe dans une pâte un peu épaisse et on les fait frire.

Anchois en canapé. Faites frire dans d'excellente huile, des tranches de mie de pain de deux centimètres d'épaisseur. Vous aurez préparé des œufs durs hachés jaunes et blancs séparément, cornichons, câpres, fournitures hachés.

Étendez sur vos tranches de pain tous ces ingrédients

hachés, saupoudrez de poivre et de sel, arrosez d'huile, et servez sur des assiettes, comme hors-d'œuvre.

Sardines. Ce n'est que vers les bords de la mer qu'on peut les avoir fraîches; alors c'est un manger délicieux. On les fait griller immédiatement et on les mange au beurre ou à l'huile.

A l'embouchure de la Garonne elles prennent le nom de royans, de celui d'une petite ville qui est située près de cette embouchure.

Sardines grillées. Écaillez-les, lavez-les, enveloppez-les de feuilles de vignes et faites-les griller. Mangez-les au *vinaigre*, à la *moutarde* ou simplement avec beurre manié de fines herbes.

Sardines frites. Voyez *anchois* (page 125).

Sardines farcies. Nettoyez-les, écaillez-les et fendez-les par le dos, supprimez les têtes et les arêtes. Disposez sur un plat chaque moitié en anneaux dont vous remplissez le milieu avec une farce à poisson, arrosez de beurre fondu, mettez le plat sur un feu très-doux, et sous le four de campagne ou avec un couvercle qui recevra un peu de braise allumée, au bout de dix minutes, la cuisson sera opérée.

Sardines à la maître-d'hôtel. On les fait cuire dans le beurre avec persil haché, ou dans une sauce maître-d'hôtel.

Harengs frais à la maître-d'hôtel (*Entrée*). Videz-les, écaillez-les, essuyez-les bien, faites-les griller; fendez-les par le dos et garnissez l'intérieur de beurre manié de persil haché, poivre et sel; ajoutez un filet de vinaigre.

Harengs à la moutarde (*Entrée*). Faites griller et servez sur une sauce faite avec beurre, pincée de farine mouillée d'une cueillerée de bouillon et moutarde; ne la laissez pas bouillir.

Harengs à la sauce blanche. Faites-les griller et servez-les sur une sauce blanche.

Harengs frits. Farinez-les, mettez-les dans une friture bien chaude; servez avec persil frit.

Harengs pecs. Ce sont des harengs nouvellement

salés et non fumés ; on les fait griller et on les arrose d'une sauce au beurre ; ou on met dessous une purée.

Harengs fumés de Hollande. Il faut enlever la peau, et les accommoder à la maître-d'hôtel.

Harengs saurs à l'huile. Supprimez les têtes et les queues, fendez-les par le dos et enlevez les arêtes. Mettez-les à plat, arrosez-les d'huile et mettez-les un instant sur le gril, des deux côtés; servez-les en les accompagnant séparément de beurre, d'huile, afin que chaque convive l'assaisonne selon son goût.

Harengs saurs en caisse. Garnissez une caisse de papier de petits morceaux de beurre, de persil, ciboules, champignons hachés; mettez dedans les filets de harengs, que vous recouvrez d'une couche de pareil assaisonnement, le beurre en dessus. Saupoudrez de chapelure, faites griller et passez une pelle rougie au-dessus de la caisse.

Harengs saurs en hors-d'œuvre. Ouvrez-les par le dos, supprimez les arêtes, la tête, la queue ; mettez-les à plat et versez dessus de l'eau ou du lait bouillant; laissez-les dessaler pendant cinq minutes; enlevez la peau, divisez-les en filets que vous essuyez.

Hachez séparément jaunes et blancs d'œufs durs, persil, câpres, cornichons; faites avec vos filets des dessins de parterre, jaunes, blancs, verts, et arrosez le tout de bonne huile.

Homards, langoustes, crabes, crevettes. La langouste ne diffère du homard que par les pattes qui sont très-grosses dans le second. Si vous achetez le homard cuit, choisissez-le lourd, sentez-le au dos et à la jonction du corsage et de la queue; il doit avoir une bonne odeur s'il est frais. Tirez aussi l'extrémité de la queue : vous aurez quelque difficulté à l'allonger, et elle reviendra sur elle-même ; si pour être plus certain de l'avoir frais, vous l'achetez vivant, voici la manière de le faire cuire : eau salée, beurre, un gros bouquet de persil, poreaux, piments, poivre, deux verres de vin blanc ou un de madère. Laissez-le refroidir dans sa cuisson, égouttez-le, frottez-le avec un linge imbibé d'huile ou de beurre: ceci est pour la belle apparence.

Dans un ménage, on substituera le vinaigre au vin blanc et on se contentera de mettre dans l'eau salée, persil, thym, ciboules, laurier, oignons; mettez-le à l'eau froide, et pendant la cuisson, plongez-y à plusieurs reprises une pelle rougie.

Homard à la moutarde. Délayez, avec une cueillerée à café de moutarde, un jaune d'œuf cru; mettez un peu de sel, versez goutte à goutte, et en tournant lentement toujours du même côté, de très-bonne huile. Lorsque vous avez la quantité de sauce que vous désirez, vous pouvez y ajouter un peu de vinaigre : ceci est au goût. La sauce doit être épaisse et crémeuse.

Homard en salade. Coupez les chairs par morceaux, dressez-les avec des cœurs de laitue, fournitures, œufs durs émincés, quelques blancs hachés, câpres, filets de harengs saurs crus (page 127), cornichons en filets et truffes, si vous le voulez; arrosez d'huile.

Homard à la rémoulade. Retirez toutes les chairs, dressez les morceaux à froid sur une serviette, les pattes formant les côtés.

Servez à part une rémoulade dans laquelle vous aurez mis les œufs qui sont sous la queue, ou l'espèce de crème qu'on trouve dans le corps.

On peut masquer les chairs de homard avec une mayonnaise à la crème.

Crevettes. Faites-les cuire comme le homard. Ne les salez qu'après qu'elles sont égouttées; sans cette précaution, vous aurez moins de facilité à détacher l'enveloppe.

Quant aux petites crevettes que dans quelques ports de mer on appelle *sauterelles*, et qui, cuites, sont d'un rouge grisâtre, on les met vivantes dans un court-bouillon très-simple : eau vinaigrée, salée, tranches d'oignons, branches de persil.

Huîtres. Lorsqu'on les ouvre, si on ne doit pas les manger au fur et à mesure, on devra les laisser couvertes de la coquille supérieure et ne pas les détacher.

Mettez des citrons à la disposition des convives.

Sauce froide. Les grosses huîtres non parquées, qu'on nomme *pied de cheval*, ont une saveur très-énergique qu'on peut corriger. Écrasez dans du vinaigre de l'échalote hachée très-fin, et du gros poivre; mêlez bien le tout, et dans chaque huître mettez deux ou trois gouttes de cette sauce.

Huîtres grillées. Faites-les détacher ; crevez dans la coquille creuse une petite plaque bleuâtre: c'est l'amer, qui éclaterait au feu et qui donnerait à l'huître un goût de pourriture; lavez cette coquille, remettez les huîtres avec un peu de leur eau, du beurre manié, de fines herbes, épices dans les coquilles, sur le gril, et servez quand elles commencent à bouillir.

On peut aussi les faire sauter dans du beurre avec fines herbes et jus de citron. On en met quatre dans chaque coquille avec de la cuisson et leur eau; placez les sur le gril avec un feu doux ; quelques minutes suffisent.

Huîtres en coquilles. Lorsque les huîtres ont été ouvertes et détachées de leurs coquilles, faites-leur jeter un bouillon dans leur eau. Mettez dans la casserole beurre, une pincée de farine que vous tournez, avec persil, échalotes et champignons hachés. Quand tout est revenu, mouillez de vin blanc et de bouillon; faites réduire cette sauce et placez-y les huîtres.

Mettez quatre huîtres dans chacune de vos plus grandes coquilles ou dans des coquilles de pèlerin, avec de la sauce; recouvrez de chapelure et ajoutez un morceau de beurre. Placez vos coquilles sur le gril, passez au-dessus une pelle rougie et servez au bout de quelques minutes.

Au lieu de vin blanc, vous pouvez mettre du jus de citron.

Huîtres farcies. Faites une farce légère avec de la mie de pain trempée dans du lait, du bouillon, fines herbes et champignons hachés, sel, poivre, jaunes d'œufs battus, beurre ou graisse de veau. Lorsque tout a été bien amalgamé, mettez sur un plat beurré un lit de cette farce, puis une rangée d'huîtres entières ou coupées en morceaux si elles sont très-grosses. Alternez ainsi les couches en terminant par la farce. Arrosez de jus de citron. Mettez votre plat au four ou sur un feu doux avec le four de campagne.

Moules au naturel. Après les avoir bien lavées et grattées, faites-les ouvrir sur le feu. Sautez-les dans du beurre frais avec sel ; saupoudrez-les de farine, mouillez avec leur eau que vous avez passée, faites jeter quelques bouillons et liez avec jaunes d'œufs et jus de citron.

Moules à la poulette. Lavez-les bien, grattez-les et mettez-les à sec dans une casserole ou dans la poêle, et au fur et à mesure qu'elles s'ouvrent, supprimez une des coquilles et rangez-les sur un plat. Faites avec l'eau des moules que vous avez passée, une sauce poulette bien liée et versez-la sur vos moules ; arrosez de jus de citron. Si vous pensez que votre plat n'est pas assez chaud, il faudrait faire chauffer un instant les moules dans la sauce.

Moules à la provençale. Vous les faites ouvrir sur le feu et vous supprimez une des coquilles. Conservez et passez deux ou trois cuillerées de l'eau des moules, à laquelle vous ajoutez un petit morceau de beurre, deux cuillerées de bonne huile, mie de pain râpée très-fin, cinq ou six gousses d'ail haché et fines herbes. Mettez encore deux ou trois cuillerées de vin blanc et poivre, laissez mijoter pendant un quart d'heure et servez à courte sauce.

Moules à la marinière. Faites-les ouvrir, supprimez une coquille, passez l'eau qu'elles ont rendue, faites bouillir une partie de cette eau avec autant de vin rouge ou blanc et bouquet de persil. Retirez le persil, liez la sauce avec un morceau de beurre manié de farine, faites-y cuire un instant les moules et servez tout ensemble.

Moules aux fines herbes (*Entrée*). Mettez-les dans une casserole avec beurre, fines herbes et sautez-les jusqu'à ce qu'elles soient toutes ouvertes.

Pour les moules frites, farcies, voyez *huîtres*.

Moules à la béchamel. Otez les deux coquilles et faites chauffer les moules dans une béchamel.

POISSON D'EAU DOUCE.

Tortue. A l'article *Potages*, nous avons indiqué la manière d'en préparer un avec la tortue.

Comme plat, il faut accommoder les deux noix de chair, qu'on trouve après avoir ôté les carapaces, comme les morceaux choisis du veau, fricandeau, etc., et varier les garnitures et assaisonnements.

Anguille. Passez-la un peu sur le gril, vous enlèverez plus facilement la peau. On coupe la tête, on dépouille l'anguille comme on retourne un gant, on la vide. On en forme une couronne ou on la coupe par tronçons, selon le plat qu'on veut accommoder.

Anguille à la tartare. Faites un court-bouillon avec eau et vin en quantités égales ; mettez toutes les herbes aromatiques, toutes les épices que vous avez à votre disposition, beurre et huile d'olive. Passez ce court-bouillon, quand il est fait, et mettez-y cuire l'anguille entière ou par tronçons. Arrosez souvent et mettez votre casserole sous le four de campagne, ou entretenez du feu sur le couvercle. Lorsqu'elle est cuite, panez-la à l'anglaise (page 21) ; faites-lui prendre couleur sur le gril à feu doux, et servez-la sur une sauce froide à la tartare.

Anguille à la poulette. Après l'avoir préparée, coupez-la par tronçons et mettez-la bouillir pendant huit ou dix minutes dans de l'eau légèrement vinaigrée, avec sel et poivre. Faites-la égoutter, et placez vos tronçons dans une sauce poulette au vin blanc, où elle achèvera de cuire pendant vingt minutes ou plus, selon la grosseur. Liez avec des jaunes d'œufs, citron.

Anguille à la minute. Faites cuire pendant un quart d'heure vos tronçons d'anguille dans de l'eau salée; dressez-les sur une sauce maître-d'hôtel, avec un cordon de petites pommes de terre rôties au beurre.

Anguille grillée. Faites mariner vos tronçons pendant

trois ou quatre heures dans une marinade à l'huile. Égouttez-les, panez de mie de pain, après les avoir huilés un peu, ou panez à l'anglaise, et faites griller.

Servez sur une sauce de haut goût, aux anchois, piquante, etc.

Anguille à la broche. Il faut une grosse anguille. Préparez-la comme il a été dit. Piquez-la finement sur le dos et coupez-la par tronçons de seize cent., que vous faites mariner comme l'anguille à la tartare. Réunissez vos tronçons, enveloppez-les de feuilles de vigne et de papier, fixez-les sur la broche avec des attelets, et, pendant qu'elle rôtit, arrosez-la avec sa marinade. On la sert à sec, mais on l'accompagne séparément d'une sauce *tomate* ou d'une sauce bien relevée ; on peut la mettre dans une sauce *poulette*.

Anguille frite. Coupez-la par tronçons et faites-la cuire dans une marinade avec un peu d'eau. Égouttez, faites un roux que vous mouillez avec la cuisson que vous avez passée. Lorsque vous aurez bien tourné cette sauce, liez-la avec des jaunes d'œufs et mettez-y vos tronçons; lorsqu'ils seront froids, panez à l'anglaise et faites frire. Servez sur une sauce appétissante.

On pourrait, au sortir de la marinade, paner à l'anglaise et faire frire immédiatement.

Carpes. Les carpes de rivière sont préférables à celles d'étang. On les reconnaît à la nuance dorée de leurs écailles.

Pour ôter le goût de vase qu'ont presque toujours les carpes d'étang, faites-les dégorger dans l'eau vive pendant quelques jours, ou faites avaler à la carpe vivante quelques cuillerées de fort vinaigre. Son corps se couvrira d'une espèce de sueur épaisse qu'on grattera avec un couteau à plusieurs reprises.

Carpe au bleu. Après l'avoir écaillée avec un couteau et mieux avec une râpe, videz-la, et, pour vous faciliter cette opération, faites-lui une très-petite ouverture des ouïes au nombril. Essuyez l'intérieur, supprimez la queue et les nageoires, sciez la tête, mettez la carpe dans une poissonnière et versez dessus un litre de vin rouge bouillant, qu'elle y baigne entièrement. Coupez quatre ou six oignons en tranches, ajoutez thym, laurier, clous de girofle, sel, poivre, une poignée de persil, trois carottes émincées, et faites mijoter pendant trois quarts d'heure ou une heure, laissez refroidir dans la cuisson, égouttez et servez sur une serviette et entourée de persil.

Carpe au court-bouillon. Voyez *carpe au bleu.* Au vin, substituez du vinaigre.

On peut, avant la cuisson, lui mettre dans le corps un morceau de beurre manié de persil.

Carpe frite (*Rôt*). Fendez-la en deux, ôtez la laitance ou les œufs ; aplatissez bien votre carpe, farinez-la et mettez-la dans une friture bien chaude ; à moitié cuisson, mettez dans la poêle la laitance ou les œufs que vous avez farinés. Servez avec persil frit.

Carpe grillée (*Entrée*). On peut, après l'avoir ainsi préparée, la faire griller des deux côtés et la servir sur une farce de légumes ou sur une sauce blanche aux câpres et au citron.

Carpe en matelote au gras (*Entrée et relevé*). Elle se compose en outre de divers autres poissons, anguille, lotte, tanche, barbillon, etc. Après avoir nettoyé tous ces poissons, coupez-les par tronçons. Faites un roux et passez-y successivement des dés de lard, petits oignons, champignons, en les retirant lorsqu'ils ont pris couleur; mouillez ensuite votre roux de vin rouge; ajoutez épices, bouquet garni, gousse d'ail, que tout baigne dans le vin, auquel vous pouvez ajouter de l'eau et du bouillon ; faites partir à feu clair, et, quand votre sauce bouillira, mettez votre poisson et recouvrez-le de tout ce que vous avez fait roussir. Ajoutez un demi-verre d'eau-de-vie et un morceau de sucre. (Quelques personnes, lorsque le vin commence à bouillir, y mettent le feu.) Retirez ce qui ne doit pas être servi, disposez vos morceaux de poisson sur des tranches de pain rôti, versez votre sauce avec les ingrédients et entourez, si vous le voulez, d'un cordon d'écrevisses.

Carpe en matelote au maigre. Au lieu de lard, mettez, pour faire votre roux, du beurre et de l'huile d'olive.

Carpe à la provençale. Coupez-la en morceaux que vous faites cuire dans un demi-litre de vin et quelques cuillerées d'huile, épices, ingrédients d'assaisonnement, champignons, le tout haché, un morceau de beurre manié de farine.

Servez à courte sauce.

Carpe à la maître-d'hôtel. Comme le maquereau.

Brême. Mêmes préparations que pour la carpe.

Perche. Videz par les ouïes, ôtez les écailles, faites cuire dans un court-bouillon. Servez avec une sauce à l'huile séparément.

Perche à la tartare (*Entrée*). Faites mariner pendant 2 heures, passez au beurre persil, fines herbes, échalotes, champignons hachés; ajoutez la marinade, liez avec jaunes d'œuf, un jus de citron; laissez refroidir, panez deux fois, faites griller et servez sur une sauce tartare.

Perche frite. Nettoyez, écaillez, ciselez des deux côtés, farinez, faites frire.

On peut les traiter à la *bonne eau* comme le cabillaud, — à la hollandaise, — en matelote.

Lotte. Elle se mange frite, en matelote ou à la poulette ; elle cuit promptement. Sa chair est fort délicate.

Un plat de foies de lotte est un mets fort distingué, mais coûteux.

Tanches. Passez-les à l'eau bouillante, limonez, videz et les écaillez. Laissez-les quelques heures dans une marinade à l'huile; enveloppez-les avec la marinade dans un double papier huilé. Faites griller à feu doux, supprimez le papier et les accessoires et servez avec une sauce blanche, poulette ou une sauce de haut goût.

On peut les accommoder aussi comme la carpe et l'anguille.

Barbeau, barbillon. Il se traite comme la carpe. Supprimez les œufs; c'est un purgatif très-énergique.

Truite au court-bouillon. Ce ne sont que les truites de belle dimension qu'on accommode ainsi. Après l'avoir écaillée, vidée et lavée, on ficelle ordinairement la tête. Lorsqu'elle est cuite on la place sur une serviette avec un lit de persil; on fait réduire le court-bouillon, on y ajoute une liaison et on sert cette sauce à part. Décorez le plat de tranches de citron.

Truites grillées. Huilez-les légèrement ou passez-les au beurre tiède; panez à l'anglaise (page 21) et faites griller. Servez avec des ronds de citron.

Servez-les aussi avec une sauce *génevoise* ou aux *tomates.*

Si vos truites sont grosses, mettez-leur dans le corps un morceau de beurre manié de fines herbes.

Vous pouvez aussi enlever la peau et les faire mariner; panez et faites griller.

Truites frites. Servez-vous de friture neuve, farinez-les et faites-leur prendre seulement une belle couleur dorée. Il est même mieux de les faire frire à l'huile d'olive.

Servez avec une sauce *génevoise* ou aux *tomates.*

Si vous avez une belle truite, farcissez-la avec truffes, champignons hachés, fines herbes, etc.; ficelez la tête et faites cuire au court-bouillon. Égouttez, panez à l'anglaise (page 21); faites frire et servez avec l'une des sauces indiquées.

Brochet. S'il n'a pas été pêché en rivière, faites-le dégorger. Supprimez les œufs, mais conservez la tête.

Brochet au court-bouillon. Ficelez la tête faites-le cuire *au bleu* (page 113), ou plutôt versez dessus le court-bouillon bouillant et faites-le mijoter dedans pendant une heure; servez, entouré de persil, sur une serviette.

Brochet au beurre. Faites-le cuire au court-bouillon, écaillez-le et versez dessus une sauce au beurre.

On peut aussi servir avec une sauce tomate, génevoise, etc.

Brochet à la flamande. Après l'avoir préparé, mettez-lui la queue dans la gueule; faites-le cuire à *la bonne eau* (page 114), retirez la casserole quand l'ébullition commence et laissez le poisson dedans en le tenant chaud.

Égouttez et servez-le avec une sauce au beurre, des

câpres et des pommes de terre cuites à l'eau où à la vapeur.

Brochet à la Béchamel. Faites-le cuire à la bonne eau, marquez-le d'une béchamel, ou pétrissez un bon morceau de beurre avec de la farine, faites fondre, en ajoutant de la crème ; faites bouillir cinq à six minutes, et au moment de servir ajoutez un morceau de beurre.

Brochet frit. Fendez-le par le dos, deux heures dans le sel, farinez et faites frire.

Goujons. Le goujon est rond et est plus estimé que les autres petits poissons blancs comme l'ablette, que l'on fait aussi frire.

On le vide, on le lave, on l'essuie et on le roule dans la farine. Jetez-le dans une friture bien chaude et retirez-le dès qu'il est roide et croustillant. Saupoudrez de sel et servez avec persil frit.

Escargots à la poulette. Faites-les dégorger dans de l'eau bouillante acidulée et les y laissez un quart d'heure. On les tire de la coquille, on les nettoie et on les met rafraîchir. Comme le bout de l'escargot est coriace, on supprime souvent cette extrémité.

Quand ils sont bien égouttés, on les met dans une sauce poulette bien relevée par le citron et le vin blanc, et un peu épaisse.

Escargots farcis. Faites-les dégorger, mais conservez les coquilles. Supprimez le bout coriace.

Passez-les dans du beurre d'anchois, et quand ils en sont bien revêtus, remettez-les dans leur coquille. Bouchez-en l'ouverture avec une farce de beurre manié de fines herbes et bien assaisonnée ; rangez les escargots sur un plat creux et mettez-le sur un feu doux, ou sous le four de campagne.

Quelques personnes mettent les escargots sur le gril même.

Escargots au gratin. Après les avoir préparés comme les précédents, accommodez-les comme les moules au gratin.

Escargots frits. Après les avoir retirés de leur coquille, comme il a été dit, mettez-les dans une marinade bien relevée, égouttez, trempez ou non dans une pâte et faites frire. Assaisonnez bien votre pâte, mettez-y de l'eau-de-vie ou du rhum.

Cuisses de grenouilles frites. Faites-leur prendre du goût dans une marinade au vinaigre bien épicée. Après les avoir fait égoutter, farinez-les ou trempez-les dans une pâte bien aromatisée et faites frire. Servez avec persil frit.

En fricassée de poulet. Faites mariner et faites en une fricassée de poulet bien assaisonnée et bien liée avec des jaunes d'œufs et jus de citron.

Écrevisses. Lavez-les bien, retirez la nageoire de la queue et avec elle un petit boyau noir fort amer. Faites-les cuire dans un court-bouillon fortement épicé à l'eau et au vinaigre, ou au vin blanc. Faites partir à grand feu et sautez-les pendant un quart d'heure et tenez-les chaudes jusqu'au moment où vous les dressez en buisson, la tête en l'air, en les entre-mêlant de branches de persil.

En matelote. Supprimez les petites pattes et l'enveloppe de la queue, faites-les cuire au vin blanc et mettez-les dans une sauce matelote (page 41), servez entourées de croûtons frits.

Écrevisses à la crème. Faites-les cuire comme il vient d'être dit pour la matelote et faites-les mijoter dans une sauce à la crème avec muscade râpée.

LÉGUMES.

Légumes. Certains légumes secs et frais ont une grande âcreté qui oblige à les faire blanchir dans une première eau, avant de les faire cuire. On peut souvent s'épargner ce soin, en mettant dans l'eau de cuisson une mie de pain dans un nouet. Si vous le retirez après qu'il a bouilli un quart d'heure, il aura absorbé tout le mauvais principe et la mie de pain aura une odeur fétide.

Sauce à l'huile et au vinaigre pour les légumes. Délayez deux jaunes d'œufs durs dans une cuillerée de vinaigre ; ajoutez sel, poivre, fourniture de salade hachée menu dans laquelle on fait entrer, selon le goût, ciboule, échalotes ; mettez deux ou trois cuillerées d'huile; mêlez le tout.

Purée d'oseille. Voyez page 60.

Purée de céleri-rave. Épluchez bien, supprimez les racines et coupez par petits morceaux que vous mettez cuire à petit feu, avec bouillon gras, beurre, sel et poivre, en couvrant la casserole. Lorsque, par le fait seul de la cuisson, votre céleri sera comme en purée, égouttez-le et faites-le passer avec le pilon; remettez la purée dans un petit roux, tournez, mouillez de jus ou de bouillon et faites cuire encore un peu, en remuant toujours. Mettez du beurre en quantité suffisante et goûtez.

Purée de chicorée. Si vous ne l'achetez pas cuite, prenez huit ou dix chicorées que vous lavez et nettoyez soigneusement. Jetez-les dans l'eau bouillante salée sur un feu vif. Quand elles s'écrasent sous la pression, retournez-les, faites-les égoutter et rafraîchissez-les; égouttez-les de nouveau; après avoir haché votre chicorée, mettez-la dans un roux blond, sel, poivre et laissez-la cuire un peu; mouillez de bouillon ou de jus, tournez et laissez mijoter un quart d'heure. Au moment de servir, ajoutez un morceau de beurre et goûtez pour savoir si elle est convenablement assaisonnée.

Si vous voulez la préparer au maigre, au lieu de bouillon, mouillez avec crème ou lait bouilli et mettez plus de beurre. Lorsque vous faites cuire des légumes ou herbes pour purée, ayez soin de faire plonger dans l'eau les feuilles qui monteraient à la surface.

Purée de marrons. Si vous ne vous procurez pas de la farine de marrons cuits, mettez griller des marrons seulement le temps nécessaire pour que vous puissiez enlever la pelure; pelez-les en ayant soin de supprimer la pellicule mince amère qui les enveloppe encore.

Mettez-les cuire ensuite dans du bouillon ou dans de

l'eau et du beurre, un peu de sel et de sucre ; feu doux, et qu'ils ne fassent que mijoter. Lorsqu'ils peuvent s'écraser facilement, égouttez-les et écrasez-les dans la passoire ou sur le tamis avec le pilon à passer, mettez votre purée avec du nouveau beurre, mêlez bien en tournant, mouillez de lait chaud, tournez toujours jusqu'à ce que la pâte soit bien égale. Quand votre purée a jeté deux ou trois bouillons, goûtez-la.

Si vous vous servez de farine de marron préparée, vous la ferez cuire avec du beurre, sel, sucre et vous mouillerez de lait chaud, en ayant soin de ne pas la laisser former de grumeaux.

Purées de pommes de terre, haricots, pois, etc. Si vous employez des légumes secs, faites-les tremper la veille et mettez-les cuire à l'eau froide. Les légumes frais à l'eau bouillante. Faites cuire vos légumes à l'eau avec sel et un peu de beurre. Faites-les égoutter et mettez-les par petites portions dans une passoire ou sur un tamis et forcez-les à passer au moyen du pilon à purée ; pour faciliter cette opération, mouillez de temps en temps avec un peu d'eau de la cuisson.

Mettez votre purée dans un roux blond, dont vous laissez cuire la farine, mouillez de jus, de bouillon, de lait ou de crème bouillie et faites mijoter ; ajoutez un morceau de beurre et goûtez. Si vos purées ne doivent pas servir de lit à un morceau de viande ou à un poisson, on peut les orner de croûtons frits dans le beurre.

Si vous les préparez au maigre, il faudra mettre plus de beurre et même une liaison de jaunes d'œufs.

Truffes. Il faut les laver à froid et les brosser pour les débarrasser entièrement du sable et de la terre qui les enveloppent. Lorsqu'on les pèle pour un ragoût ou une volaille, on utilise les rognures en les hachant et en les incorporant dans une farce. Voyez la manière de truffer, page 105.

Truffes sous la cendre. Enveloppez chaque truffe d'une petite barde de lard mince, et de quatre ou cinq feuilles de papier, mouillées d'eau froide ; faites-les cuire sous de la cendre chaude, pendant un quart d'heure ou vingt minutes, déballez-les et servez-les sous une serviette chaude.

Truffes au vin. Faites-les cuire dans un mélange de bouillon et de bon vin blanc avec lard haché et bouquet de persil. Essuyez-les et servez-les sous une serviette chaude.

Nous n'indiquerons que ces deux manières de faire cuire les truffes, car, selon nous, tout assaisonnement plus compliqué ne fait que neutraliser son délicieux arome.

Champignons. N'accommodez que des champignons de couche, de crainte d'accident, et ne vous fiez nullement aux épreuves fort incertaines par lesquelles on prétend reconnaître les espèces vénéneuses. Les meilleurs champignons même, lorsqu'ils sont gardés quelques jours, peuvent devenir dangereux ; n'achetez que des champignons parfaitement blancs sans taches de flétrissure ; à mesure que vous les épluchez, jetez-les dans de l'eau légèrement vinaigrée.

Dans les ragoûts ou sauces vous pouvez employer des morilles séchées (page 26) ou du ketchup (page 43),

Champignons à la poulette. S'il sont gros, coupez-les en morceaux ; faites-les blanchir dans de l'eau vinaigrée, autre que celle dans laquelle ils ont trempé. Rafraîchissez-les, faites-les bien égoutter et accommodez-les comme une fricassée de poulet liée avec des jaunes et un jus de citron.

Champignons grillés. Il faut qu'ils soient beaux, à larges chapiteaux, Supprimez les tiges, remplissez la concavité avec une farce, composée des tiges hachées, beurre, fines herbes, ciboules hachées, sel, poivre, le tout bien amalgamé ; placez sur le gril avec un feu doux une feuille de papier beurrée ou huilée, placez vos champignons, le côté farci en dessus, laissez cuire huit ou dix minutes, servez chaud.

Champignons en caisse. Préparez-les comme il vient d'être dit, coupez-les en morceaux, mettez-les dans une caisse de papier bien beurrée et à feu doux, avec persil, fines herbes, ciboules, échalote, hachés, sel et poivre, placez de petits morceaux de beurre en dessus. Au bout de quelques minutes servez dans la caisse.

Croûte aux champignons. Passez des champignons au beurre avec bouquet de persil et ciboule, ajoutez une pincée de farine, mouillez votre roux blond avec du bouillon chaud ou un peu d'eau chaude. Lorsque les champignons sont cuits et la sauce épaisse, liez-la avec des jaunes d'œufs, ajoutez un filet de vinaigre ; trempez dans la sauce une large croûte frite au beurre, mettez-la au fond du plat et versez dessus votre ragoût.

Si dans votre ragoût vous mettez du sucre et de la crème, supprimez le vinaigre.

Pain aux champignons. Otez la mie d'un pain mollet en forme de brioche et dont vous ôtez la tête. Faites frire dans le beurre cette tête et toute la croûte du pain; qu'il soit croustillant. Versez dedans le ragoût de champignons que vous avez préparé, remettez la tête du pain et servez bien chaud.

Pommes de terre. *Manière de les faire cuire.* Lorsqu'elles doivent être fricassées ou écrasées, faites-les cuire dans la quantité d'eau strictement nécessaire pour qu'elles baignent. Elles seraient plus savoureuses si elles étaient sur un clayon ou une grille exposées seulement à la vapeur dans un vase bien clos.

Elles ont encore un excellent goût, lorsqu'elles sont cuites sous la cendre.

Les espèces de pommes de terre sont maintenant très-variées. Pour les plats où elles doivent figurer entières, préférez-les longues, cornichons ou vitelottes. Lorsqu'elles doivent être écrasées, prenez les rondes, jaunes, farineuses, celles de Hollande.

Pommes de terre en chemises. Cuites sous la cendre, à la vapeur, ou dans l'eau salée, elles se servent sous une serviette, avec du beurre, à la disposition des convives.

Pommes de terre en salade. Préférez celles qui ne se défont pas. Coupez-les en ronds et laissez-les absorber de l'huile ; assaisonnez-les comme salade avec fourniture, filets de harengs-saurs crus (page 138), cornichons et câpres.

Pommes de terre en purée. Si vous n'employez pas des pommes de terre cuites sous la cendre, commencez par les peler, les couper en morceaux et faites-les cuire dans du lait. Passez-les après la cuisson, à travers une passoire fine ou un tamis, mettez la pâte qui en résulte dans une casserole avec du beurre frais, du lait, du sel et du poivre, faites jeter quelques bouillons. Si vous voulez sucrer, ne mettez pas de poivre.

Pommes de terre à l'anglaise. Coupez en tranches les pommes de terre cuites, mettez-les à la casserole, avec beurre, sel, poivre, muscade râpée. Fait-les sauter continuellement sans laisser le beurre tourner en huile.

Pommes de terre à la maître-d'hôtel. Faites cuire à l'eau salée des vitelottes avec persil en branches, après les avoir pelées, mettez-les dans une casserole avec beurre, persil et ciboule hachés, sel, gros poivre. Sautez-les; et quand la sauce est bien liée servez avec un jus de citron ou de verjus.

Pommes de terre à la sauce blanche. Pelez et coupez promptement des pommes de terre cuites, versez dessus une sauce blanche à la fécule.

Pommes de terre à la bourgeoise. Faites revenir dans du beurre, ou de la bonne graisse, des oignons coupés en petits morceaux ; mouillez de bouillon ou d'eau, mettez vos pommes de terre avec sel et poivre, bouquet ; faites cuire et servez en supprimant le bouquet.

Pommes de terre au lard. Faites roussir dans du beurre des dés de lard de poitrine, ajoutez une pincée de farine, mouillez de bouillon ou d'eau, ajoutez vos pommes de terre crues, pelées et coupées en morceaux si elles sont grosses ; salez et poivrez, bouquet garni. Lorsque la cuisson est complète, ôtez le bouquet et servez très-chaud. On peut, selon le goût, mettre un peu d'ail haché. On peut aussi faire cuire les pommes de terre à l'eau, les couper par morceaux et les mettre dans la sauce.

Pommes de terre frites. Pelez des pommes de terre

crues, coupez-les en tranches ou en bâtons minces, essorez-les dans une serviette et jetez-les en les séparant dans une friture bien chaude.

Pommes de terre sautées. Émincez des pommes de terre comme des pièces de un franc, sautez-les sans interruption dans le beurre, jusqu'à ce qu'elles soient rissolées. On peut mettre du persil haché.

Boulettes de pommes de terre. Écrasez ou pilez des pommes de terre farineuses, tandis qu'elles sont encore chaudes ; ajoutez successivement beurre, crème bouillie, sucre pilé, deux ou trois œufs entiers et sel, et à chaque article que vous ajoutez, pilez de nouveau. Lorsque vous avez une pâte bien mêlée, bien égale, faites des boulettes de la grosseur d'un œuf. Je ne mets jamais de farine, parce que la farine se mêlant avec la purée, rend les boulettes bien moins délicates au goût. Faites fondre un fort morceau de beurre, ne le laissez pas noircir, mais quand il est bien chaud, mettez-y vos boulettes que vous retournez souvent pour qu'elles prennent également couleur de tous les côtés. Servez-les bien chaudes.

Vous pouvez mêler à votre pâte quelques fines herbes hachées très-menu.

Boulettes au gras et frites. Supprimez le lait, si vous le voulez et mêlez à vos pommes de terre quelque viande blanche hachée ; salez, poivrez et faites votre pâte comme dans l'article précédent. Trempez vos boulettes dans du blanc d'œuf que vous laissez sécher un peu, faites frire, servez avec du persil frit.

Pommes de terre en pets de nonne. Préparez la pâte comme il a été dit pour les boulettes au lait et mettez-y des fines herbes hachées menu, faites glisser dans la friture bien chaude des petites boules de votre pâte, elles doivent gonfler comme des pets de nonne.

La pâte doit être bien sucrée et on peut l'aromatiser avec quelques gouttes d'eau de fleurs d'oranger ou un peu de chartreuse.

Gâteau de pommes de terre. Réduisez en purée des pommes de terre cuites au four ou sous la cendre ; mettez dans une casserole crème et beurre bien frais, salez, amalgamez le tout et laissez refroidir. Pour un kilog. de pâte, mettez douze jaunes d'œufs et quatre blancs battus en neige, sucre, eau de fleurs d'oranger, travaillez bien le tout.

Garnissez le fond et les côtés d'un moule de caramel, versez-y votre préparation et faites cuire pendant une heure au bain-marie, sous le four de campagne ou avec feu sur un couvercle.

Vous pouvez faire bouillir de la vanille dans la crème ou le beurre que vous employez. Pour garnir votre moule ou votre casserole de caramel, mettez au fond quelques cuillerées de sucre pilé ; placez sur le feu et à mesure que le sucre fond, agitez doucement la casserole. Lorsque le sucre a pris une couleur brune, par un mouvement de bascule faites-en descendre une partie le long des parois du moule et achevez d'étendre le caramel avec une cuiller ; laissez refroidir.

Pois verts ou petits pois. Les premiers qui paraissent ordinairement sur les marchés sont les pois de *Marly*. Un peu plus tard, viennent les *Clamart*, ce sont les meilleurs. On les reconnaît en ce qu'ils ne sont pas tout à fait ronds, mais un peu aplatis, étant très-serrés dans leur cosse.

Pois verts ou petits pois à la bourgeoise. Mettez dans une casserole un bon morceau de beurre, un bouquet de persil, un oignon blanc et des pois fins (quelques personnes ajoutent des feuilles de laitue ou de romaine) ; salez et faites bouillir à petit feu et vers la fin de la cuisson mettez un petit morceau de sucre. Retirez le bouquet et l'oignon ; ajoutez un morceau de beurre manié de farine et servez.

Couvrez votre casserole ; remuez de temps en temps pour que vos pois cuisent tous également ; il faut trois quarts d'heure ou une heure pour la cuisson.

Pois au gras. Faites revenir des dés de lard de poitrine ou du jambon cru bien nettoyé. Lorsqu'ils ont pris un belle couleur, mouillez de bouillon ou d'eau ; mettez vos pois (qui peuvent être moins fins que pour les préparations au maigre), ajoutez un bouquet de persil et de ciboules, sel, poivre; faites cuire doucement votre casserole étant couverte.

On peut aussi les accommoder avec des tendons de veau, des pigeons, etc.; on les sert aussi sous des abatis de volaille.

Pois sautés. Faites fondre du beurre, mettez-y vos pois avec sel et poivre; faites-les sauter pendant quelque temps, puis laissez-les un peu mijoter à feu doux, pendant une demi-heure; liez avec deux jaunes d'œufs pour un litre de pois.

Pois à l'anglaise. Jetez vos pois dans l'eau bouillante avec un bouquet de persil et de ciboules une ou deux feuilles de menthe poivrée. Lorsque les pois sont cuits, faites-les égoutter vivement, mettez-les sur un fort morceau de beurre qui doit fondre par la chaleur des pois, ainsi que celui que vous mettez au-dessus; remuez-les un peu et servez-les avec un sucrier rempli de sucre pilé.

Vous avez retiré le bouquet et les feuilles de menthe.

Pois secs. Ils ne servent qu'à faire des purées.

Haricots verts à la maître-d'hôtel. Cassez les deux deux extrémités pour retirer les filandres et mettez-les cuire dans l'eau salée. Si vous tenez à ce qu'ils restent bien verts, jetez-les dans l'eau froide lorsqu'ils sont cuits; faites-les égoutter et mettez-les dans une casserole, avec un morceau de beurre manié de persil haché fin; sautez-les et servez chaud avec un filet de verjus ou de citron.

Autre. Lorsqu'ils sont cuits, mettez-les dans une casserole, avec beurre frais, dans lequel vous délayez une pincée de farine, persil, ciboules hachés menu, sel, poivre, muscade râpée; mouillez avec du lait ou avec de l'eau de la cuisson, faites jeter quelques bouillons, liez avec des jaunes d'œufs. Si vous n'avez pas employé de lait, ajoutez un filet de verjus ou de citron.

Haricots verts au gras. Faites frire dans de la bonne graisse, persil et oignons hachés menu; faites revenir vos haricots déjà cuits à l'eau, mouillez de bouillon ou de jus. Laissez mijoter pendant un quart d'heure, et lorsque votre sauce est convenablement réduite, mettez une liaison de jaunes d'œufs.

Au beurre noir. Après leur cuisson à l'eau, assaisonnez-les de poivre et de sel, et servez-les sur un plat chaud; versez dessus un beurre noir (p. 41). Faites chauffer du vinaigre dans la même poêle, versez-le sur les haricots.

Haricots verts à la lyonnaise. Émincez des oignons en anneaux et faites-les roussir dans l'huile à la poêle. Mettez vos haricots, bien égouttés, avec persil et ciboules hachés, sel, gros poivre. Donnez-leur quelques tours de poêle et versez dessus du vinaigre chaud.

A la bretonne. Les oignons que vous faites revenir seront ici coupés en dés. Lorsqu'ils commencent à prendre couleur, faites un roux avec une pincée de farine; mouillez d'une cuillerée à pot de bouillon ou de jus, sel, gros poivre, et mettez vos haricots; lorsque cette sauce est cuite, faites mijoter, goûtez et servez.

Haricots verts en salade. Lorsqu'ils sont égouttés et refroidis, assaisonnez-les de sel, de poivre, de vinaigre et couvrez-les. Au moment de servir, égouttez de nouveau, mettez l'huile et les fines herbes.

L'eau de haricots verts sert à faire de bons potages.

Haricots blancs. Mettez-les dans l'eau bouillante et soutenez le feu. Ne salez que lorsqu'ils sont à moitié cuits, faites-les égoutter et accommodez-les comme il va être expliqué.

On met ordinairement dans l'eau de cuisson, un bouquet garni, un oignon piqué de clous de girofle, et avec cette eau on fait de bons potages.

Cuisez à grande eau.

Les haricots secs se mettent à l'eau froide comme tous les légumes secs.

Il est mieux encore de les mettre la veille dans une marmite, de jeter dessus de l'eau bouillante; couvrez hermétiquement. Le lendemain jetez cette eau, et mettez-les cuire à l'eau froide.

Haricots blancs à la maître-d'hôtel. Comme les haricots verts.

Au gras. Comme les haricots verts.

En salade. De même, ou avec la sauce, p. 138.

Au beurre de piment. Lorsqu'ils ont été cuits à l'eau, faites-les sauter dans de bon beurre, assaisonnez-les de poivre de Cayenne en poudre et servez.

Haricots à l'étuvée. On accommode ainsi principalement les haricots rouges. Mettez dans l'eau où ils cuisent, du lard et des petits oignons ou un morceau de mouton. Quand ils seront égouttés, mettez beurre, farine, fines herbes, faites-les sauter et ajoutez un verre de vin; faites bouillir un quart d'heure, servez tout ensemble.

Haricots panachés. C'est un mélange de haricots blancs et verts accommodés de la même manière; à la maître-d'hôtel ou sautés.

Haricots à la purée d'oignons. Lorsqu'ils sont égouttés, mettez-les dans une casserole avec un fort morceau de beurre, sautez-les sans faire bouillir, ajoutez une purée d'oignons, sautez-les encore quelques minutes; goûtez et servez bien chaud.

Les haricots accompagnent souvent un rôti; on les accommode alors avec une partie du jus résultant de la cuisson de la viande.

Lentilles. Choisissez-les larges et blondes. Il faut bien les trier et les laver. Faites-les tremper dans l'eau pendant quelques heures avant de les faire cuire dans la même eau.

Traitez-les comme les haricots blancs et rouges.

Au porc fumé. Achetez un jarret de porc fumé. Faites-le tremper 12 heures au moins et faites-le cuire avec vos lentilles, cela leur donne un très-bon goût.

Épinards. A Paris, on achète généralement ce légume cuit et haché, mais comme on y mêle beaucoup d'autres herbes, il est mieux de les acheter crus et de les préparer chez soi.

Manière de les faire cuire. Faites-les cuire dans l'eau avec du sel, jusqu'à ce qu'ils commencent à se mêler à l'eau ; retirez-les, faites-les égoutter et jetez-les dans l'eau froide. Egouttez-les de nouveau en les pressant pour en faire sortir toute l'eau, puis hachez-les.

Épinards à la maître d'hôtel. Commencez la cuisson, en les mettant avec beurre, sel et muscade râpée ; ajoutez plus tard un morceau de beurre manié de farine, faites mijoter, ajoutez encore du sucre, un morceau d'écorce de citron, de la crème ou du lait et servez avec des croûtons frits piqués dans les épinards que vous moulez en dôme. Les gourmets n'y mettent absolument que du beurre et du sel (poivre et muscade selon le goût) ; on les fait réchauffer plusieurs jours de suite, en ajoutant libéralement du beurre et on arrive à avoir un plat délicieux.

Épinards à la béchamel. Vous pouvez supprimer la farine et lier vos épinards avec une petite béchamel que vous faites dans la casserole avant de les y mettre.

Épinards au gras. Mettez-les avec un fort morceau de beurre, muscade et gros poivre ; mouillez de jus de viande réduit en glace ou avec de la sauce liée, ou enfin avec de bon bouillon. Au moment de servir, ajoutez un morceau de beurre, garnissez de croûtons.

Si vous avez de la graisse de veau épurée, vous pouvez commencer la cuisson avec.

Asperges à la sauce (*entremets*). On les ratisse, on les lave, on les coupe de même longueur et on les lie par petits botillons. On les fait cuire à l'eau bouillante avec du sel. Il ne faut pas attendre pour les retirer, qu'elles soient trop molles. Déliez les botillons, placez-les sur une serviette pliée qui achève de les essorer.

On les accompagne de sauces blanche et blonde dans deux saucières.

Asperges froides à l'huile et au vinaigre. Accompagnées de la sauce, p. 138.

Asperges en petits pois (*Entremets*). On prend pour ce plat des asperges longues, minces et vertes. On coupe en petits morceaux toute la partie mangeable, on les met bouillir à l'eau salée. A moitié cuisson, on les retire, on les égoutte et on les accommode comme des petits pois.

Asperges à la crème. Coupez toute la partie tendre des asperges et faites cuire à moitié dans l'eau salée. Hors du feu, mêlez dans une casserole du beurre fondu et un peu de farine ; ajoutez du lait bouilli, bouquet de persil, très-peu de laurier, sel, muscade râpée. Remettez sur le feu et tournez sans cesse jusqu'à ce que cette sauce commence à bouillir. Continuez à tourner pendant quelques minutes. Otez le bouquet et le laurier, passez la sauce, mettez-y les asperges. Il est nécessaire que la sauce soit épaisse, car les asperges y apporteront toujours un peu d'eau.

Asperges en petits pois à l'anglaise. Coupez-les de même longueur, en ne conservant que la partie tendre, faites-les cuire à l'eau salée sans qu'elles deviennent très-molles. Faites-les égoutter, mettez-les à la casserole avec un bon quart de beurre, un peu de sel, et sautez-les hors du feu autant que possible.

Asperges à la poulette. Délayez une cuillerée de farine dans du beurre fondu, ajoutez un peu d'eau et liez cette sauce avec des jaunes d'œufs; ajoutez du lait en petite quantité, et remettez sur le feu, en tournant toujours, pour ne pas laisser cuire les œufs, de manière que votre sauce soit épaisse. Mettez-y vos morceaux d'asperges cuites à point et tournez-les dans la sauce sans la laisser bouillir.

Artichauts. Quelle que soit la préparation que vous leur destinez, ayez toujours soin d'ébarber la pointe des feuilles, de supprimer les parties dures en dessous et même autant que possible de supprimer le foin.

Artichauts à la poivrade. Les petits artichauts nouveaux se coupent par quartier, se parent et se mangent à la croque-au-sel ou à l'huile et au vinaigre avec sel et poivre.

Artichauts à la sauce. Après les avoir parés, faites-les cuireà l'eau bouillante avec du sel, de manière à ce qu'ils baignent, lorsqu'ils sont cuits (ce que vous reconnaîtrez lorsque les feuilles se détacheront facilement), supprimez le foin. Remettez-les un instant dans l'eau bouillante pour les réchauffer, faites-les égoutter. Servez-les en pyramide et accompagnez-les d'une sauce blanche ou blonde ou d'une sauce poulette.

Si vous ne prenez pas la peine d'ôter le foin, vous n'aurez pas besoin de les retirer et de les remettre dans l'eau bouillante.

Artichauts farcis. Quand ils sont à moitié cuits à l'eau, remplissez-les d'une farce de viande, persil, ciboule hachés, un peu de chair à saucisse ; mettez-les sur un feu doux dans une casserole un peu beurrée, braise sur le couvercle. Lorsque la cuisson est achevée, c'est-à-dire quand les feuilles sont cassantes, servez avec un peu d'huile, fines herbes, jus de citron.

Artichauts à la barigoule (*Entremets*). Après les avoir parés, faites-les cuire dans du bouillon, assez seulement pour pouvoir retirer les feuilles du milieu et le foin. Quand ils sont bien égouttés, mettez-les dans une friture chaude, les fonds en l'air et en ne faisant tremper que l'extrémité des feuilles. Lorsqu'elles ont pris couleur, remplissez l'intérieur des artichauts d'une farce de parures de lard, de champignons, persil, échalotes, restes de volaille, le tout haché, passé au beurre avec sel et poivre, jus de citron, et ficelez les artichauts pour qu'ils ne s'effeuillent pas.

Mettez dans une casserole à couvercle quelques cuillerées d'huile d'olive, vin blanc, des bardes de lard, thym, laurier. Achevez la cuisson à feu doux, dessous et dessus. Égouttez l'huile, déficelez, ôtez les ingrédients et servez sur une sauce brune que vous faites avec la cuisson réduite.

Dans une petite cuisine on peut simplifier la farce et la cuisson. Au lieu d'huile on peut beurrer la casserole.

Artichauts au beurre. Coupez-les en cinq ou six morceaux, suivant leur grosseur, parez le dessous, ôtez le foin, ne laissez que trois feuilles à chaque morceau.

Beurrez le fond d'une casserole, mettez-y les artichauts que vous saupoudrez de sel fin, feu dessus et dessous pendant vingt minutes ; ils devront être cuits. Servez-les en couronne, les feuilles en dehors, et versez sur les fonds le beurre de la cuisson et jus de citron avec persil.

Artichauts frits (*Entremets*). On les coupe par quartiers minces, on ne laisse que quelques feuilles qui tiennent au fond dont on supprime le foin et qu'on pare aussi en dessous. On trempe chaque morceau dans une pâte bien assaisonnée et légère ; mettez-les séparément dans une friture bien chaude et faites-leur prendre une belle couleur. Pendant qu'ils égouttent près du feu, saupoudrez-les de sel fin. Faites un buisson, entourez-le de persil frit, servez bien chaud.

On peut aussi faire frire ainsi des fonds cuits provenant de la desserte.

Artichauts à la provençale. Faites-les cuire un quart d'heure dans l'eau salée, ôtez le foin, mettez-les dans une casserole avec huile, ail, sel, poivre, feu très-doux dessous et dessus ; lorsque la cuisson est achevée, ôtez les gousses d'ail, servez sans l'huile, mais avec un peu de citron.

On peut remplacer le foin par ciboules, persil hachés, poivre, sel, une cuillerée d'huile. Placez-les dans une caisse de papier sur le gril à feu doux ; lorsqu'ils sont rissolés, arrosez-les d'une cuillerée de bonne huile dans laquelle vous avez écrasé une gousse d'ail ; ajoutez du jus de citron.

Chou. Pour en diminuer l'âcreté, il est bon de le faire blanchir avant la cuisson et de retirer avec soin les insectes et les corps étrangers qui seraient cachés dans les plis des feuilles.

Chou au lard. Après l'avoir fait blanchir, coupez-le par quartiers et mettez-le dans une marmite avec un morceau de petit salé, tranches de lard ou de jambon ; que le tout baigne dans l'eau ; ajoutez poivre, muscade. Feu vif, que vous diminuerez quand l'ébullition aura commencé. Lorsque la cuisson est complète, égouttez et dressez vos quartiers de chou, en les garnissant de ronds de saucisson, de tranches de lard et en les couronnant de votre morceau de salé.

Faites réduire de la cuisson, goûtez-la, liez avec un morceau de beurre manié de farine et versez sur votre plat. Souvent on mange le chou tel qu'il sort de la marmite.

Chou au beurre. Séparez les feuilles pour supprimer les grosses nervures. Faites blanchir et rafraîchir, pressez-les dans vos mains pour en exprimer toute l'eau. Mettez dans une casserole ou marmite un morceau de beurre en rapport avec la grosseur de votre chou, sel, poivre, couvrez et faites suer jusqu'à ce que l'eau soit évaporée et que le chou commence à prendre couleur. Ajoutez alors un peu d'eau chaude ; feu modéré ; remuez de temps en temps et ajoutez un peu d'eau à mesure qu'elle tarit, de manière qu'il ne doit plus en rester quand la cuisson est complète. Goûtez, complétez l'assaisonnement, s'il est nécessaire, ajoutez persil haché, et faites sauter dans du beurre ; dressez en mont sur un plat chaud.

Chou à la bourgeoise. Faites blanchir de petits choux, hachez-les grossièrement, faites-les cuire dans une casserole avec lard et graisse et servez dessus des saucisses grillées.

Chou à l'étuvée. C'est ordinairement le chou rouge qu'on accommode ainsi.

Hachez les choux menu, et pour chacun d'eux hachez un gros oignon que vous mettez au fond de la casserole ; placez les choux dessus, mouillez de bouillon, de graisse de rôti. Mettez un gros morceau de beurre et faites mijoter pendant deux heures et demie dans la casserole couverte. Ajoutez une cuillerée de vinaigre, du vin, du sel et du poivre (et même deux pommes coupées). Laissez bouillir encore une heure. Changez vos choux de place ; faites réduire ; si votre cuisson est acide, ajoutez du sucre et remuez encore, terminez avec un morceau de beurre et servez.

Chou rouge à la flamande. Traitez-les comme pour les choux à l'étuvée, mais ne les coupez qu'en quatre. Supprimez le vin et mettez un morceau de sucre quand vous ajoutez le vinaigre ; laissez réduire en faisant cuire des saucisses avec les choux.

Chou farci. Faites-le blanchir et égoutter, fendez-le en deux, sans disjoindre tout à fait les moitiés ; ôtez dans chacune d'elles le tronçon de la queue. Remplissez ce creux avec une farce que vous composez de chair à saucisse, lard, persil, fines herbes, restes de viande, moelle de bœuf hachés, sel, poivre. Glissez de cette farce entre les feuilles, et ficelez le chou en mettant des bardes de lard sur la fente qui sépare les moitiés. Foncez une casserole avec des débris de lard, carottes et oignons en tranches, thym, laurier, girofle, gros poivre, muscade râpée. Mouillez de bouillon gras ou d'eau et de vin blanc, en ajoutant un peu de graisse, de manière que le liquide ne s'élève que jusqu'aux trois quarts de la hauteur du chou. Faites cuire pendant deux heures à petit feu dessous et dessus. Retirez le chou avec une large écumoire, faites-le égoutter au-dessus de la casserole. Faites un roux que vous mouillez avec la cuisson passée au tamis, ôtez la ficelle et arrosez le chou avec cette sauce. Pour plus de simplicité, lorsque votre chou est farci, mettez-le cuire dans un roux mouillé de bouillon.

Choux de Bruxelles à la sauce. Faites-les cuire à l'eau et au sel après les avoir fait blanchir. Faites-les sauter dans le beurre et servez-les avec un jus de citron. Vous pouvez verser dessus une sauce *blonde*, *blanche*, *tomate*.

Choux de Bruxelles sautés. Après les avoir fait cuire comme ci-dessus, faites-les sauter sur un feu ardent, dans du beurre, en y ajoutant du poivre, jusqu'à ce qu'ils se dorent ; ajoutez persil haché. Si au lieu de beurre vous employez de la graisse, servez très-chaud.

Choux de Bruxelles au jus. Pendant qu'ils cuisent à l'eau, faites un roux que vous mouillez de bouillon ou de jus toujours en remuant, ajoutez sel, poivre. Mettez-y les choux bien égouttés. Faites mijoter et servez à sauce courte.

Choux-fleurs, Choisissez-les bien blancs, bien serrés et fermes. On les divise en plusieurs petites branches, pour les éplucher et on les jette au fur et à mesure dans de l'eau légèrement vinaigrée ; on les égoutte et on les fait cuire à l'eau bouillante, dans laquelle on met un peu de farine et de sel ; un quart d'heure suffit. Lorsque le chou-fleur s'écrase facilement entre les doigts, il peut alors recevoir la préparation que nous allons indiquer.

On fait avec l'eau de cuisson de bons potages maigres.

Choux-fleurs à la sauce (*Entremets*). Faites-les égoutter vivement afin qu'ils conservent leur chaleur. Mettez-les dans un grand bol. Renversez le bol sur un plat, vos choux-fleurs se trouveront moulés en dôme ; versez dessus une sauce blanche, blonde, tomate, etc., de manière à ce qu'elle pénètre dans tout l'intérieur des choux-fleurs. Vous pouvez entourer de croûtons frits.

Choux-fleurs à la crème. Lorsqu'ils sont dressés sur un plat, arrosez-les de crème et saupoudrez de chapelure, de poivre et de sel. Mettez votre plat sur un feu doux sous le four de campagne. Un quart d'heure suffira.

Choux-fleurs en salade. Assaisonnez-les avec la sauce (page 138).

Choux-fleurs au gras. Ne les laissez pas cuire complétement et, après les avoir égouttés, passez-les à la graisse avec une pincée de farine, sel, poivre, muscade, bouillon ou jus. Remuez doucement, en évitant de briser les choux-fleurs.

Choux-fleurs frits. Égouttez-les quand ils sont à moitié cuits. Mettez-les par petits arbrisseaux dans une pâte à frire bien assaisonnée, faites frire en veillant à ce que les morceaux ne s'attachent pas les uns aux autres.

Jetez ensuite dans la même friture du persil en branches et couronnez-en vos choux-fleurs que vous avez dressés en pyramide sur un plat chaud. Salez à la volée.

Avant de les mettre dans la pâte vous pouvez les remuer dans une terrine avec vinaigre, sel et poivre.

Choux-fleurs gratinés au fromage (*Entremets*). Retirez-les de l'eau, lorsqu'ils sont encore fermes ; mettez-les dans une sauce blanche, à laquelle vous avez mêlé du fromage râpé ; saucez aussi, de la même manière, tous les débris de choux-fleurs et dressez-les en boule sur les choux-fleurs réunis en tas ; versez dessus ce qui vous reste de sauce, saupoudrez de fromage râpé. Arrosez d'un peu de beurre tiède et par-dessus de la mie de pain finement émiettée ; placez à feu doux sous le four de campagne, laissez gratiner et servez chaud.

Si vous voulez les faire au gratin sans fromage, saupoudrez-les de mie de pain, placez dessus de petits morceaux de beurre. Faites gratiner sous le four de campagne.

Servez brûlant.

Les choux-fleurs peuvent s'employer comme garniture de plats de viande.

Choucroute. Il faut la laver à plusieurs eaux, puis on la presse fortement pour en faire sortir tout le liquide.

On laisse ou supprime les graines de genièvre, selon le goût.

Manière de l'accommoder. Mettez dans une casserole de la graisse de porc et de la graisse de rôti ou de volaille, un bon morceau de lard fumé, un cervelas, des saucisses fumés, la choucroute et un verre de vin blanc. Mettez sur la casserole un rond de papier et par-dessus un couvercle fermant hermétiquement; faites cuire à petit feu pendant cinq ou six heures, et, s'il est nécessaire, mouillez de temps en temps de bouillon. Remuez, pour éviter que votre choucroute ne s'attache au fond; goûtez pour connaître si elle est de bon goût et servez bien chaud en flanquant de lard, de ronds de cervelas, et en couronnant de saucisses.

Comme les épinards, plus elle est réchauffée meilleure elle est.

Carottes (*Entremets*). Il faut les ratisser et les laver; si elles sont grosses fendez-les dans le sens de leur longueur en filets. Pour les préparer en ragoût, préférez les petites, que vous façonnez en les épluchant.

Carottes à la maître d'hôtel. Faites-les cuire à l'eau salée, et mettez-les mijoter pendant quelques minutes dans une sauce maître-d'hôtel (page 37), ou sautez les dans du beurre avec ciboule et persil hachés, sel et poivre

Carottes en ragoût au gras. Mettez-les cuire avec tranches de lard, persil et ciboule, sel et poivre. Mouillez de bouillon ou de jus lorsque la cuisson est achevée; servez à courte sauce avec tranches de lard.

Carottes à la poulette (*Entremets.*) Émincez-les, faites-les cuire à l'eau bouillante avec sel et beurre. Après les avoir égouttées, mettez-les mijoter dans une sauce poulette; liaison de jaunes d'œufs, un petit morceau de sucre.

Carottes aux fines herbes (*Entremets*). Faites-les cuire à l'eau bouillante avec sel et beurre, mettez-les dans un roux, avec fines herbes hachées, mouillez de bouillon, jus de citron.

Carottes au sucre. Faites-les cuire à l'eau jusqu'à ce que l'eau soit entièrement évaporée et que les carottes restent à sec; écrasez-les et ajoutez lait, fécule, sucre pilé, eau de fleurs d'oranger; amalgamez des œufs, plus de jaunes que de blancs, et battez avec du beurre les blancs mis de côté. Mettez ce mélange dans une casserole sous le four de campagne. Lorsque la cuisson est achevée, renversez la casserole dans un plat creux, saupoudrez de sucre et servez chaud.

Navets. Les plus estimés sont ceux dits de *Freneuse;* ils sont venus dans une terre rougeâtre qui les fait reconnaître.

Navets à la poulette (*Entremets*). Faites-les cuire dans un roux blanc mouillé de bouillon. Faites réduire la sauce, liez avec jaunes d'œufs et un bon morceau de beurre.

Navets en purée (*Entremets*). Coupez-les en tranches minces, faites-les cuire dans du bouillon avec sel, poivre et beurre. Quand ils ont mijoté, passez-les en purée; servez-les comme garniture de viandes rôties ou grillées.

Navets à la béchamel (*Entremets*). Faites-les cuire dans du bouillon et masquez-les avec une béchamel (page 37).

Navets glacés. S'ils sont gros, coupez-les par morceaux; mais préférez les petits, auxquels vous donnez une jolie forme, en les épluchant. Traitez-les comme les oignons glacés.

Navets à la sauce blanche (*Entremets*). Mettez-les dans une casserole avec du beurre, un peu de sel et un morceau de sucre, de l'eau jusqu'à moitié, faites cuire à bon feu; mettez-les dans une sauce blanche avec muscade râpée, faites mijoter huit ou dix minutes.

Chicorée sauvage. Elle ne se mange qu'en salade.

Chicorée cultivée. Elle se mange aussi crue en salade.

Chicorée cuite. Voyez page 138.

Chicorée blanche en ragoût. Quand elle est bien égouttée et hachée, mettez dans une casserole un bon morceau de beurre et une petite cuillerée de farine, ajoutez la chicorée et remuez-la bien avec la cuillère de bois. C'est alors que vous l'assaisonnez et que vous la mouillez de bouillon, de jus, et que vous achevez la cuisson, et liez avec un peu de crème.

Chicorée blanche au maigre. Supprimez le bouillon, n'employez que du beurre et du lait comme béchamel, et liez avec des jaunes d'œufs.

On peut, avánt de mettre la farine dans le beurre, faire frire des croûtons dont on décorera le plat de chicorée.

Si vous avez laissé noircir le beurre, ne l'employez pas.

Laitues. Choisissez celles qui sont fermes et pommées; c'est vous dire que nous ne faisons aucun cas des primeurs, qui sont à peu près sans saveur.

Laitues en salade. Les primeurs peuvent cependant se manger en salade.

Délayez dans le saladier des jaunes d'œufs durs avec de l'huile, ajoutez ensuite sel, poivre, vinaigre, blancs d'œufs durs hachés grossièrement et retournez.

(*Autre.*) Assaisonnez la salade de vinaigre, sel, poivre; arrosez de lard gras fondu et brûlant, mêlez vivement et servez.

Laitues cuites. Otez les feuilles les plus vertes et faites blanchir à l'eau bouillante, égouttez-les bien sur un linge et mettez-les dans une casserole au fond de laquelle vous avez disposé des carottes coupées et des oignons; lorsque vos laitues y sont rangées, saupoudrez l'intérieur de sel, poivre et muscade; mettez de l'eau assez pour qu'elles baignent, un bouquet, un peu de sel, clous de girofle, un morceau de beurre; couvrez d'un papier beurré et faites cuire pendant une heure et demie à l'étouffée avec feu doux.

Elles sont alors prêtes à recevoir les préparations suivantes.

Quelquefois on se contente de les faire cuire simplement dans de l'eau épicée avec bouquet et un peu de beurre; mais elles n'ont pas si bon goût.

Laitues hachées. Procédez comme pour la chicorée.

Laitues en ragoût (*Entremets*). Otez les feuilles vertes, faites blanchir, rafraîchissez-les et faites égoutter; saupoudrez l'intérieur de sel, poivre et muscade. Mettez-les à la casserole avec de la graisse, un peu de farine, du jus, si vous en avez; mouillez de bouillon, et après avoir fait mijoter jusqu'à parfaite cuisson, servez.

Laitues à la sauce blonde (*Entremets*). Cuites comme il a été indiqué, vous versez dessus une sauce blonde.

Laitues au jus. Comme la chicorée (page 138).

Laitues farcies (*Entremets*). Faites cuire comme il est indiqué, évidez les trognons et remplacez-les par une farce. Si c'est au maigre, faites cuire avec du beurre; si vous employez une farce grasse, mettez du bouillon; servez avec leur cuisson.

Romaine. Elle reçoit les mêmes préparations que la laitue. En salade, on ne met pas d'œufs durs.

Céleri. On n'emploie guère que les feuilles blanches et les cœurs.

Céleri en salade. Supprimez les feuilles vertes; coupez en morceaux longs comme le petit doigt; assaisonnez comme une salade ordinaire.

On y ajoute souvent de la moutarde.

On mêle quelquefois des mâches et du céleri.

(*Autre.*) Préparez comme il vient d'être dit, après l'avoir lavé et nettoyé; laissez-le en branches longues, que vous rangez en éventail dans le saladier; servez avec une rémolade à part.

Céleri frit. Il faut fendre les branches, tremper les morceaux dans une pâte et faire frire. On peut ainsi utiliser de la desserte de céleri, en commençant à la nettoyer de la préparation qui y adhérerait.

Céleri en ragoût. Faites blanchir ce que vous avez

conservé, c'est-à-dire les feuilles blanches et les cœurs; traitez-les comme les cardons (page 160).

Oseille. Celle qu'on achète toute cuite est en général très-mélangée d'autres herbes; ainsi donc, il est préférable de la cuire chez soi.

Épluchez de l'oseille, de la poirée, des feuilles de laitue, du cerfeuil et même des épinards, et faites blanchir à l'eau bouillante; rafraîchissez, égouttez et hachez.

Oseille en farce ou purée. Mettez dans une casserole un morceau de beurre, votre oseille hachée, une cuillerée de farine, sel, poivre; mouillez avec du lait pendant une demi-heure que l'oseille mijote, liez avec des jaunes d'œufs et servez la farce décorée de quartiers d'œufs durs ou sous des œufs pochés.

Oseille en farce grasse. Employez de la graisse, du jus de la viande que l'oseille doit accompagner et du bouillon. Servez-vous de cette farce pour garnir un fricandeau, des ris de veau, etc.

Cardes et cardons d'Espagne (*Entremets*). Il faut les couper par filets, jeter dessus de l'eau bouillante pour achever de les nettoyer; à mesure, jetez-les dans l'eau fraîche, faites-les égoutter et arrosez-les de citron. Faites-les cuire dans une marmite à l'eau bouillante, avec moelle de bœuf, lard gras, oignons, thym, laurier; lorsque la cuisson est complète, égouttez-les et servez sur une sauce blanche ou blonde.

Cardes et cardons d'Espagne à la maître-d'hôtel. Comme les concombres.

Cardons au jus (*Entremets*). Faites cuire comme il a été dit; faites roussir de la graisse et une cuillerée de farine, ajoutez peu à peu du bouillon, mettez un bouquet, sel, poivre, laissez jeter quelques bouillons, placez vos cardons, ajoutez du jus, faites bouillir, et quand la sauce est réduite, servez.

Cardons au gratin. S'il vous reste des cardons de la desserte, préparez un plat en le beurrant et en saupoudrant ensuite de chapelure. Disposez dessus vos cardons que vous saupoudrez de mie de pain et que vous arrosez de beurre fondu, placez le plat sur un feu couvert de cendre, et sous le four de campagne, et laissez gratiner.

Cardons au fromage. Procédez de la même manière, seulement mêlez à votre mie de pain du fromage râpé.

Tomates. A l'article sauce nous avons indiqué (page 37) la manière de faire la sauce aux tomates. Elles entrent maintenant dans beaucoup d'autres préparations, potages ou ragoûts.

Voici la manière de les accommoder pour qu'elles constituent à elles seules un plat.

Tomates farcies. Faites une ouverture du côté de la queue que vous enlevez, ainsi que toute la chair intérieure, sans les crever; passez-la pour en séparer les pepins, faites revenir dans deux cuillerées d'huile fine, herbes, persil, ciboules, ail hachés, un peu de lard râpé, mie de pain trempée dans du bouillon et pressée à sec. Mettez vos chairs de tomates que vous avez écrasées en purée, salez et poivrez, muscade et jaunes d'œufs. Lorsque cette farce est refroidie et bien mêlée, farcissez-en vos tomates, saupoudrez-les de chapelure, mettez-les sur une tourtière, arrosez-les de beurre fondu. Feu dessus et dessous.

Concombres. Fendez-les en quatre, pelez-les, ôtez les graines et effilez-les en morceaux de la grosseur du doigt. Mettez-les à l'eau bouillante avec un demi-verre de vinaigre. Après leur cuisson égouttez-les et mettez-les ensuite sur un linge blanc pour qu'ils achèvent de déposer leur eau. Donnez-leur ensuite les préparations suivantes :

Concombres à la maître-d'hôtel (*Entremets*). Mettez-les dans une casserole, faites-les sauter dans du beurre et épices, ajoutez ciboules et persil hachés.

Concombres à la poulette (*Entremets*). Faites-les sauter dans du beurre où vous avez mis délayer une pincée de farine; mouillez de crème et de bouillon. Retirez du feu, liez avec des jaunes d'œufs, filet de vinaigre.

Concombres à la béchamel. Faites une sauce avec de la crème, du lait, une pincée de farine et du beurre; mettez-y chauffer les concombres, sans laisser bouillir.

Concombres farcis. Après les avoir pelés, avec une petite cuiller et en coupant l'un des bouts, retirez tout l'intérieur sans crever la partie charnue. Remplissez-les d'une farce grasse ou maigre. Remettez le morceau que vous avez coupé pour clore l'ouverture que vous avez faite, afin de les vider, et fixez-le avec quelques morceaux de truffe taillés en clous ou par de petites brochettes. Faites cuire vos concombres dans un roux fait au lard, bien assaisonné, que vous mouillez de bouillon.

Servez vos concombres sur sauce tomate ou toute autre qui concorde avec ce ragoût.

Concombres en salade. Crus, coupez-les par tranches et faites-les mariner vingt-quatre heures dans du vinaigre bien épicé. Ensuite on les assaisonne comme une autre salade.

Potiron, Giraumon. On en fait le plus ordinairement des potages. Lorsqu'on veut les servir pour plat, voici la manière de les accommoder.

Épluchez et coupez-les par morceaux. Mettez-les à l'eau bouillante avec du sel, faites-les cuire pour qu'ils puissent passer en purée, à la passoire. Faites fondre dans une casserole du beurre, mêlez-y un verre de crème puis votre purée de potiron, avec sel et poivre, et une petite cuillerée de farine. Faites mijoter pendant un quart d'heure et liez avec des jaunes d'œufs.

Betteraves. Pour les manger en salade on les fait cuire à l'eau ou au four, et on les coupe par tranches. C'est un tort de préférer les betteraves rouges, car si elles figurent mieux, comme ornement, elles sont moins sucrées que les blanches.

Si vous voulez les manger en ragoût, faites-les cuire d'abord comme il vient d'être dit; coupez-les par tranches et mettez-les de nouveau sur le feu, avec beurre, persil et ciboules hachés, une pointe d'ail, une petite cuillerée de farine, sel et poivre. Laissez mijoter un quart d'heure. On peut aussi les mettre dans une sauce blanche ou poulette.

Salsifis. Préférez les noirs. Ratissez-les et jetez-les à mesure dans de l'eau un peu vinaigrée. Faites-les cuire ensuite à grande eau, dans laquelle vous jetez, au moment où elle bout, une cuillerée de farine et un peu de sel; quand vos salsifis sont attendris et cèdent à la pression des doigts, égouttez-les et accommodez-les comme nous allons l'indiquer.

Salsifis à la poulette. (*Voy.* carottes, page 156.) Liez la sauce avec des jaunes d'œufs, mettez vos salsifis chauffer dedans et servez avec un jus de citron.

Salsifis frits. Après leur cuisson, mettez-les mariner quelques instants avec vinaigre, sel et poivre. Égouttez-les, trempez-les dans la pâte à frire, et mettez-les dans la friture bien chaude.

Salsifis à la sauce. Après leur cuisson on les met chauffer dans une *sauce blonde.*

Ou on les fait revenir dans un roux à la graisse qu'on mouille avec du bouillon, sel, poivre, muscade, avec addition de *jus.*

Salsifis en salade. Coupez-les d'égale longueur, assaisonnez-les comme une salade, en employant du poivre blanc, faites-les sauter au lieu de les retourner, et quand ils sont également assaisonnés mettez-les dans un saladier.

Oignons glacés. Épluchez des oignons d'égale grosseur, ne coupez pas de trop près les têtes et les queues, afin qu'ils ne se séparent pas.

Placez-les, la tête en bas, dans une casserole beurrée, mouillez d'un verre d'eau, ajoutez un bon morceau de sucre et un morceau de beurre d'égale grosseur, sel et gros poivre. Couvrez la casserole d'un rond de papier et placez-la sur un feu vif que vous couvrirez un peu, lorsque le mélange sera réduit de moitié, laissez-le tomber en glace.

Si c'est pour servir comme plat, mêlez à la glace une

pincée de farine, mouillez de bouillon, et quand cette sauce sera liée, si elle est bien assaisonnée, servez-la sur vos oignons.

Le plus ordinairement ils s'emploient comme garniture; on les prend alors petits.

Oignons à l'italienne. Imbibez de lait de la mie de pain et pressez-la; ajoutez jaunes d'œufs durs, fromage râpé, clous de girofle hachés, jaunes d'œufs crus, battus; mêlez bien le tout.

Égouttez de gros oignons que vous avez fait blanchir et rafraîchir; évidez-les par le milieu, remplissez-les avec votre farce; passez dessus un pinceau trempé dans du jaune d'œuf, farinez-les et faites-les frire. Servez-les vivement, sur une sauce *tomate*, piquante ou tartare, ou sur du jus; zeste de citron.

ŒUFS.

Œufs à la coque. Il est assez difficile de préciser le temps qu'il faut pour les faire, car les goûts sont très-variés. Voici cependant deux manières qui offrent des résultats satisfaisants pour la généralité.

Mettez les œufs, lorsque l'eau bout, laissez-les trois minutes sur le feu; retirez-les, couvrez et laissez-les encore une minute dans l'eau, puis servez-les sous une serviette.

Mettez les œufs au moment où l'eau bout, retirez immédiatement du feu, couvrez-les et ne les retirez qu'au bout de 5 minutes.

On les sert immédiatement dans un vase dont le couvercle représente une poule couveuse.

Œufs sur le plat. Foncez avec du beurre un plat qui aille au feu, cassez dessus vos œufs et saupoudrez de sel et de poivre (même de muscade), faites cuire à petit feu, et passez au-dessus une pelle rouge.

Quelques personnes mettent en même temps que les œufs un peu de lait.

Œufs au fromage. On peut les saupoudrer de fromage râpé.

Œufs sur le plat aux asperges. Si vous avez réservé les asperges trop petites pour être servies entières, coupez en petits morceaux toute la partie tendre (nous les supposons cuites à l'eau), mettez-les avec beurre, bouquet de persil et ciboule, et faites-les revenir avec une pincée de farine, sel et un morceau de sucre ; lorsqu'elles ont absorbé toute la cuisson, mettez-les au fond du plat, cassez vos œufs dessus, sel, gros poivre, muscade; faites cuire doucement, passez la pelle rougie.

Œufs mollets. Faites bouillir vos œufs 4 minutes, retirez-les et mettez-les pomptement dans l'eau fraîche. Otez doucement la coquille, les blancs devront être mollets.

Servez vos œufs sur une farce d'oseille, sur une sauce tomate, blanche, verte, etc.

Œufs pochés. Faites bouillir de l'eau, légèrement salée. Au moment de l'ébullition, cassez-y des œufs très-frais ; lorsqu'ils commencent à devenir un peu fermes, vous les retirez et vous les égouttez sur un linge. Vous les dressez ensuite sur une farce d'oseille, d'épinards, sur un hachis de viande.

Œufs aux champignons. Versez dessus une sauce aux champignons.

Œufs aux truffes. Arrosez-les d'une sauce aux truffes.

Œufs au lait (*Entremets sucré*). Faites bouillir du lait avec vanille, ou écorce de citron, sucre, très-peu de sel : versez-le bouillant sur des œufs battus, mêlez bien le tout, et faites le cuire au bain-marie. Couvrez avec feu en dessus, quand vos œufs sont pris, saupoudrez de sucre, et passez une pelle rouge. Servez froid.

Manière plus prompte. Battez dans une terrine du sucre et des œufs, versez dessus du lait bouillant en tournant pour qu'ils ne cuisent pas.

Passez immédiatement ; versez dans un plat, que vous mettez sur un feu très-couvert ; du feu dessus le couvercle, et lorsqu'ils seront pris, saupoudrez de sucre, et passez une pelle rougie.

Œufs à la crème (*Entremets*). Sur des œufs durs coupés en rouelles, versez une sauce à la crème.

Œufs à la tripe. Faites cuire à petit feu, dans du beurre, des oignons coupés; lorsqu'ils sont cuits, saupoudrez-les de farine, mouillez de crème, ajoutez un morceau de sucre, ajoutez des quartiers d'œufs durs, faites mijoter et servez.

Œufs au beurre noir. Laisser roussir le beurre dans un plat, et n'y mettez les œufs que lorsqu'il est fortement coloré; assaisonnez-les, et passez une pelle rouge pour cuire les jaunes.

Œufs brouillés. Battez-les et mettez-les avec beurre, sel, muscade râpée, un peu de bouillon ou de jus, remuez continuellement pendant qu'ils sont sur le feu et servez bien chaud.

On peut garnir le plat de croûtons frits.

Si vous avez un reste de sauce blanche ou poulette, mêlez-le avec vos œufs battus, ajoutez un morceau de beurre et faites cuire, comme il vient d'être dit.

Œufs brouillés aux champignons. Battez-les avec des champignons hachés, et faites cuire comme il est indiqué.

Œufs aux truffes. Brouillez les œufs avec des truffes hachées.

Œufs à la neige. Battez des blancs d'œufs en neige, jusqu'à ce qu'ils cessent d'être liquides. Mettez-les par cuillerées dans du lait bouillant, sucré et aromatisé (vanille, citron ou fleur d'oranger). Retournez vos blancs d'œufs, pour qu'ils soient cuits de tous côtés.

Retirez-les, au fur et à mesure, et mettez-les égoutter dans une passoire, puis disposez-les dans un plat creux. Délayez peu à peu vos jaunes d'œufs dans autant de tasses de lait.

Passez ce mélange et ajoutez-le au lait. Remettez dans la casserole, que vous placez sur de la cendre chaude. Tournez toujours avec une cuiller. Quand cette crème paraît assez épaisse, versez-la sur les blancs cuits en neige.

Il faut une demi-heure environ pour bien lier cette crème, qu'il faut surtout ne pas laisser bouillir; car au premier bouillon, elle tournerait. Servez froid.

Œufs farcis. Coupez des œufs en travers, par la moitié, retirez les jaunes avec précaution, et pilez-les avec beurre frais, fines herbes, un peu de pain humecté de lait.

Remplissez les blancs d'œufs avec cette farce de manière à les bien gonfler, maintenez la farce en saupoudrant de farine ce côté de l'œuf, que vous mettez ensuite au fond d'une casserole, contenant du beurre chaud; faites prendre couleur.

Rangez vos œufs sur un plat, et versez dessus une béchamel, une sauce blanche ou tomate, etc.

Œufs au gratin. Faites-les durcir, coupez-les en tranches, mettez-les sur un plat avec du beurre; saupoudrez de chapelure, arrosez-les d'un peu de beurre et faites-les gratiner un peu sous le four de campagne, ou sous un couvercle garni de braise.

Omelette aux fines herbes. Hachez les herbes dont vous préférez le goût (persil, cerfeuil, cresson alénois, ciboule).

Battez des œufs, avec sel, poivre et quelques petits morceaux de beurre, un peu d'eau ou un peu de lait. Mettez-les dans du beurre que vous avez fait fondre dans une poêle, en les battant encore avec les fines herbes que vous venez d'ajouter.

Remuez l'omelette par des mouvements que vous donnez à la poêle, ou soulevez-la avec la fourchette. Repliez-la sur elle-même, en forme de chausson, et servez-la sur un plat chaud.

On peut la servir sur une sauce tomate.

Omelette aux pommes (*Entremets sucré*). Battez deux cuillerées de farine avec un peu de lait, versez dans vos œufs cassés, et mêlez le tout, en y ajoutant des tranches de pommes passées au beurre dans la poêle et presque cuites, faites cuire votre omelette.

Omelette soufflée. Séparez les jaunes des blancs, mêlez les jaunes avec sucre pilé et du zeste de citron haché fin, fouettez les blancs et versez-les dans votre mélange. Mettez dans un plat, sur un feu vif, un bon morceau de beurre; lorsqu'il est fondu, versez-y vos œufs, mettez au four de campagne très-chaud, laissez-les cinq minutes; saupoudrez de sucre et servez immédiatement.

Omelette aux confitures. Mêlez aux œufs battus très-peu de sel et un peu de sucre; quand le beurre est chaud, versez les œufs dans la poêle, remuez, et lorsque l'omelette est cuite, mettez les confitures au milieu avant de plier l'omelette sur le plat, saupoudrez-la de sucre, faites rougir le *Poker* et formez avec quelques dessins sur la surface de l'omelette.

Omelette au Rhum. Battez vos œufs jusqu'au moment de les mettre dans la poêle. Retirez votre omelette quand elle est encore molle et mettez-la en long dans un plat; saupoudrez-la abondamment de sucre, versez dessus et autour du rhum; mettez-y le feu, servez quand il est enflammé et continuez à arroser l'omelette avec le rhum qui flambe, jusqu'à ce qu'il s'éteigne.

Cette dernière manipulation se fait ordinairement à table même.

Omelette au lard. Coupez du lard de poitrine, ou de petit salé en petits dés, et faites roussir à la poêle. Battez vos œufs avec poivre et peu de sel, jusqu'au moment de les mettre dans la poêle. Remuez votre omelette, mettez ce que vous avez fait *roussir*, achevez la cuisson, pliez l'omelette en chausson, et servez.

Omelette au jambon et à l'oignon. Coupez du jambon cru en petits morceaux et mettez les roussir dans une poêle avec du beurre. Avant qu'ils aient pris couleur tout à fait, ajoutez oignons hachés, remuez le tout avec une cuiller de bois de manière que la cuisson soit générale; Retirez le jambon et les oignons lorsqu'ils sont d'une belle couleur, et mettez dans la poêle, vos œufs que vous battez toujours. Lorsqu'ils commencent à prendre, ajoutez le jambon et les oignons et achevez la cuisson.

Cette omelette est surtout bonne lorsqu'on peut se procurer de gros oignons d'Espagne, qui n'ont pas l'âcreté des nôtres.

On peut faire aussi les omelettes aux *rognons*, au *fromage*, aux *pointes d'asperges*, aux champignons. On hache ces articles on les fait revenir, on les bat avec les œufs.

Si l'omelette est servie sur une farce de légumes, préparez ces ragoûts en maigre et l'omelette doit être au naturel.

ENTREMETS. — ENTREMETS SUCRÉS. COMPOTES, ETC.

Macaroni au gratin. Mettez votre macaroni dans six fois son volume d'eau bouillante (ou de bouillon) et un quart de beurre; lorsqu'il sera cuit salez-le en ayant égard au degré de salaison du fromage que vous y ajouterez, versez une goutte d'eau froide pour l'empêcher de cuire davantage; mais laissez-le dans sa cuisson pendant quelques minutes; égouttez-le promptement et mêlez-y une demi-livre de vieux gruyère ou 175 grammes de gruyère et 75 de parmesan râpés, poivrez, versez dans un plat creux bien beurré, saupoudrez de fromage râpé et mettez au four de campagne bien chaud. Servez quand vous avez obtenu une croûte bien dorée.

On peut, avant de mettre le plat sous le four de campagne, ajouter un peu de bouillon et quelques petits morceaux de beurre.

Les personnes qui aiment le goût du parmesan en mettent autant que de gruyère; dans ce cas le macaroni file mieux.

Macaroni au naturel. Faites-le cuire comme il vient d'être dit; quand il est égoutté mettez-le dans un roux blond avec fromage râpé et poivré ; remuez sur le feu et ajoutez un demi-verre de bon lait. Goûtez pour voir s'il est assez assaisonné et servez sur un plat.

Macaroni au jus. Supprimez le fromage et le lait,

faites-le cuire comme il a été dit, et lorsqu'il est égoutté et mis dans un roux blond, remplacez le lait par de bon jus.

Macaroni au jambon. Ajoutez au macaroni égoutté de petits dés de jambon (ou de langue fumée); quand il est fait mettez-le sur un plat, saupoudrez-le de fromage et de chapelure, arrosez d'un peu de beurre et faites prendre couleur au four ou sous un couvercle garni de braise allumée.

Plum pudding. Prenez la mie d'un pain d'une livre de pâte ferme; après l'avoir un peu divisée, jetez dessus deux verres de lait bouillant, couvrez et laissez tremper deux minutes. Pressez dans une passoire avec une cuiller pour qu'il ne reste pas de lait. Mettez la mie de pain dans un saladier, ajoutez une demi-livre de sucre en poudre, gros comme un œuf de moelle de bœuf, à peu près autant de beurre (ou plus de beurre, si vous n'avez pas de moelle), la moitié d'un citron, quatre cuillerées de rhum, huit jaunes d'œufs, 125 grammes raisin de Corinthe et la même quantité raisin de caisse (ces raisins ont dû d'avance être lavés, épluchés; on ôte les queues et les pepins du raisin de caisse, puis on les étend pour qu'ils sèchent, ou on les essuie dans un linge). Tournez et mêlez bien tout cela, graissez légèrement un moule avec du beurre et mettez au fond un rond de papier aussi beurré. Versez votre pâte dans ce moule et posez-le dans une casserole où il y a de l'eau bouillante, couvrez-le et laissez cuire ainsi au bain-marie pendant deux heures.

Si vous voulez ajouter une sauce, faites chauffer un peu de rhum avec du sucre et un peu de zeste de citron. Mettez le feu au moment de servir le plum pudding. Quand on préfère qu'il ne soit pas très-fort de rhum, on le sert sans sauce; on peut aussi mettre un peu d'eau dans la sauce.

Nougat. Jetez cinq minutes dans l'eau bouillante 1/2 kil. d'amandes douces ou 375 grammes d'amandes douces et 125 grammes d'amandes amères; égouttez-les et les pelez. Lavez-les et égouttez-les de nouveau en les essuyant avec un linge blanc, coupez-les en filets dans le sens de leur longueur et faites-les sécher près d'un feu très-doux jusqu'à ce qu'elles aient pris une teinte jaune égale. Mettez à peu près 1 livre de sucre en poudre dans une casserole et faites fondre sur le feu, jetez-y peu à peu les amandes en remuant avec la cuiller. Retirez du feu et travaillez à rendre le mélange complet. Huilez un moule, mettez les amandes dedans et appliquez-les contre les parois de ce moule en couche le plus mince possible. Appuyez sur les amandes avec un citron ou avec une carotte nettoyée, veillez à ce que le nougat ne s'attache pas au moule. Lorsqu'il sera froid renversez le moule sur une serviette pliée qui elle-même repose sur une assiette de dessert.

Il est nécessaire de mettre beaucoup de célérité dans toutes ces manipulations.

Beignets de pommes. Pelez des pommes de reinette, coupez-les en tranches en ôtant le cœur et les pepins. Mettez-les pendant 3 heures dans l'eau-de-vie mêlée de sucre et de jus de citron, faites-les égoutter et passer dans la farine, faites frire et saupoudrez-les de sucre avant de servir. On peut, après les avoir fait égoutter, les tremper dans une pâte et les faire frire. Les beignets de pêches, d'abricots, se font de la même manière. N'attendez pas que ces fruits soient très-mûrs ; on les coupe en quartiers.

Beignets de pâte. Faites réduire à moitié un litre de lait et laissez refroidir; délayez dedans 6 jaunes d'œufs et six macarons pilés, une cuillerée de fleur d'oranger, deux cuillerées de fleur de farine, écorce de citron râpée, un quart de sucre pilé. Faites du tout une pâte épaisse, taillez-la en morceaux et faites-les frire, servez en les saupoudrant de sucre.

Beignets ou croquettes de pommes de terre. Faites cuire à l'eau sans les éplucher des pommes de terre rondes, pelez-les et faites-les passer avec un pilon à travers une grosse passoire ; ajoutez fines herbes, gros comme une noix de beurre, sel, poivre ; cassez un ou plusieurs œufs entiers, selon la quantité de purée et mêlez vivement ; quand la pâte est bien faite, faites-en des boulettes, mettez dans la friture bien chaude, retournez-les et retirez-les dès qu'elles ont pris couleur.

Vous pouvez, au lieu de sel, mettre du sucre, de l'eau de fleurs d'oranger, de l'eau-de-vie ou de la chartreuse.

Pets de nonne (*Entremets sucré*). Faites bouillir un litre d'eau avec zeste de citron, un morceau de sucre et un peu de beurre jusqu'à ce qu'elle ait pris le goût de citron, ôtez-le alors, faites pleuvoir dans l'eau de la farine, tandis que, de l'autre main, vous tournez toujours; continuez ainsi jusqu'à ce que vous obteniez une pâte très-épaisse et qu'elle soit cuite, ce qu'on connaît quand elle n'a plus le goût de farine. Ne vous lassez pas, car plus vous l'aurez tournée plus votre pâte sera légère. Retirez du feu, cassez un œuf et recommencez à tourner pour l'incorporez à la pâte; cassez-en un second et faites de même jusqu'à ce que la pâte soit bien maniable, prenez avec le bout d'une cuiller, gros comme une aveline de cette pâte et faites tomber dans la friture; elle doit gonfler et l'intérieur rester vide.

Croquettes de riz. Faites blanchir du riz et faites-le cuire dans du lait que vous ajoutez à mesure qu'il épaissit; mettez zeste de citron ou de la vanille ou du sel et du sucre. Quand il sera crevé et épais, ôtez ce que vous avez mis pour l'aromatiser et retirez du feu. Ajoutez pour 1/4 de riz 2 ou 3 jaunes d'œufs dont vous battez le blanc en neige de manière à avoir un mélange consistant. Si vous n'avez mis ni citron ni vanille, vous ajouterez une cuillerée de fleur d'orange; amalgamez le tout. Faites-en des boulettes ou des rouleaux, trempez-les dans l'œuf battu et sucré, panez à l'anglaise (page 21), faites frire et saupoudrez de sucre.

Soufflé de riz (*Entremets*). Faites avec de la farine de riz une bouillie épaisse, mêlez-y du sucre et des macarons pilés, aromatisez de vanille, de café, etc. Ajoutez des jaunes d'œufs et les blancs fouettés en neige, placez le tout dans une tourtière sous le four de campagne.

Pain perdu. Faites bouillir du lait avec sucre, zeste de citron, une cuillerée de fleur d'oranger et une pincée de sel; faites réduire de moitié, mettez tremper dans ce lait des ronds de mie de pain épais d'un centimètre; quand ils seront imbibés, faites-les égoutter, passez-les dans l'œuf battu, faites frire et saupoudrez de sucre.

Crêpes. Délayez de la farine avec des œufs, de l'eau-de vie, deux cuillerées d'huile, une pincée de sel, 2 cuillerées de fleur d'oranger, mouillez d'eau et de lait pour arriver à la consistance d'une bouillie. Cette pâte devra être faite 4 ou 5 heures avant de vous en servir. Ayez un feu clair et faites fondre dans la poêle du beurre, ou de la graisse, ou de l'huile, seulement pour que la poêle soit grasse; versez en l'étendant, une cuillerée de pâte, de manière qu'elle couvre tout le fond de la poêle d'une couche très-mince, faites cuire d'un côté, retournez de l'autre, saupoudrez de sucre et servez-les à plat.

Tôt-fait. Délayez des œufs et de la farine de manière à avoir une pâte épaisse, éclaircissez-la avec du lait jusqu'à consistance de bouillie; ajoutez sucre, eau de fleurs d'oranger, vanille ou zeste de citron. Beurrez une tourtière ou une casserole, versez-y votre bouillie, faites cuire à feu vif sous le four de campagne. La pâte doit monter comme une omelette soufflée.

Marmelade de pommes Coupez par quartiers une douzaine de pommes de reinette. Pelez, supprimez les cœurs et les pepins et émincez chaque quartier. Mettez-les dans une casserole avec une demi-livre de sucre en poudre, un peu de cannelle et du zeste de citron haché menu. Ajoutez du beurre gros comme un petit œuf; couvrez la casserole et placez-la sur des cendres chaudes avec un peu de feu sur le couvercle. N'y touchez plus pendant 20 minutes; alors remuez-les dans la casserole pour les réduire en marmelade et forcez-les à travers une passoire; remettez sur le feu et faites réduire en tournant sans cesse jusqu'à ce que toute l'eau soit évaporée et que la marmelade soit épaisse.

Si cette marmelade doit être mangée seule comme entremets au dessert, dressez-la un peu en mont, égalisez la surface avec un couteau, saupoudrez de sucre, et avec un morceau de fer rouge dessinez des arabesques. Servez avec un entourage de biscuits à la cuiller taillés d'une manière uniforme.

Pommes au beurre. Pelez-les, évidez-les en ôtant les cœurs sans les fendre. Beurrez une tourtière et placez-y vos pommes sur des tranches de pain rassis du diamètre de vos pommes. Remplissez le milieu de chaque pomme avec du sucre que vous recouvrez d'un morceau de beurre frais, mettez au four de campagne sur feu doux ; à mesure que le sucre et le beurre s'affaissent, on en remet de nouveau. Quand la cuisson est achevée on les sert arrosées de leur sucre et de leur beurre fondu.

Pommes au beurre meringuées. Faites de la marmelade de pommes et dressez-la sur un plat en pyramide ; fouettez deux blancs d'œufs auxquels vous mêlez deux cuillerées de sucre en poudre et un peu de zeste de citron haché, couvrez-en votre marmelade et mettez sur toute la surface du sucre écrasé en grains, de manière à former une glace ; faites prendre couleur au four de campagne ; servez chaud.

Charlotte de pommes. Pelez les pommes, coupez-les par morceaux et ôtez les cœurs, faites-les cuire en marmelade avec zeste de citron et sucre. Recouvrez le fond et les côtés d'une casserole ou d'un moule de caramel et appliquez au fond et tout autour une pâte épaisse d'un centimètre ; placez un lit de votre marmelade, un lit de marmelade d'abricots, et alternez ainsi, recouvrez le tout d'une couche de la même pâte et faites cuire au bain-marie, sous le four de campagne, ou avec un couvercle recouvert de feu.

On pourrait ne mettre que la marmelade de pommes et ajouter de la cannelle.

Charlotte russe. Garnissez un moule ou une casserole bien étamée de biscuits à la cuiller, sans qu'il y ait d'intervalle entre eux.

Mêlez à votre crème un peu de poudre de gomme adragante et fouettez-la dans une terrine. Enlevez la mousse à mesure qu'elle se forme et mettez-la dans un petit panier à claire-voie pour fromage; lorsqu'elle est égouttée, mêlez-la avec sucre pilé, ajoutez une cuillerée de fleur d'oranger. Versez dans le moule préparé, couvrez d'un plat, renversez le moule, et la charlotte sera faite et toute moulée sur le plat.

Si elle devait attendre, mettez-la sur la glace ou dans un lieu bien frais et ne la démoulez qu'au moment de servir.

Compotes (*Dessert*). *Sirop pour les compotes.* Mettez un verre d'eau et 125 grammes de sucre, faites bouillir et écumez.

Compote de poires. Si elles sont petites laissez-les entières, après les avoir pelées, si elles sont grosses coupez-les par quartiers. Mettez-les cuire avec eau, sucre, une tranche de citron. Lorsqu'elles sont cuites, dressez-les debout dans un compotier, faites réduire le sirop qui s'est formé et versez-le sur les poires; vous avez une compote blanche.

Compote de poires au vin. Mettez entières des poires à cuire, avec eau, sucre, un peu de cannelle, sur un petit feu. A moitié cuisson, ajoutez un peu de vin rouge. Lorsque la cuisson est achevée et que vos poires sont dressées dans un compotier, versez dessus le jus que vous faites réduire en sirop.

Compote de pommes. Pelez-les et coupez-les par la moitié et ôtez les pepins, faites-les cuire avec un peu d'eau, sucre et jus de citron; servez dans un compotier.

Préférez les pommes de reinette.

Compote de pêches, prunes, abricots, coings, cerises, groseilles, etc.

Ces divers fruits se cuisent généralement dans une petite quantité d'eau, avec du sucre, de façon à ce que, à la fin de la cuisson, le jus soit réduit en sirop. On met les fruits dans un compotier, et on verse dessus le jus réduit. On fend généralement les fruits à noyaux, pour les retirer; dans les compotes de cerises, on raccourcit simplement les queues. En ajoutant au sirop du jus de framboise, du zeste de citron, les compotes acquièrent un goût plus agréable,

Salades d'orange (*Dessert*). Coupez les oranges par tranches en laissant la peau. Rangez-les en cordons, dans un compotier, avec sucre fin, dessous et dessus; arrosez-les d'eau-de-vie, de rhum ou de kirsch. Pressez dessus le jus d'une orange.

Quelques personnes ajoutent un peu de muscade râpée.

Crème à la fleur d'oranger. Mettez dans un demi-litre de lait bouillant, 100 grammes de sucre, retirez du feu, ajoutez 4 jaunes d'œufs et un blanc battus ensemble, une bonne cuillerée de fleur d'oranger, faites prendre au bain-marie, glacez le dessus avec une pelle rouge, après l'avoir saupoudré de sucre. Servez-la froide.

Vous pouvez faire prendre vos crèmes en mettant plus de blancs d'œufs, mais elles seront moins délicates. Si au contraire vous employez 8 jaunes d'œufs, et pas de blancs, vous obtiendrez une crème supérieure. Vous laissez une demi-heure au bain-marie, avec feu dessus. Si vous voulez la servir dans des petits pots, colorez le dessus avec une barbe de plume trempée dans du caramel.

Crème au café. Faites bouillir de la crème, avec 20 grammes de café brûlé en grains, passez pour retirer le café, mettez dedans 4 jaunes et un blanc battus ensemble. Mettez le plat sur une casserole d'eau bien bouillante et faite prendre la crème; saupoudrez de sucre, et glacez avec une pelle rouge. Servez froid.

Crème à la vanille. Faites bouillir dans le lait 4 grammes de vanille et 200 grammes de sucre, retirez la vanille, et terminez avec les œufs, comme à l'article précédent.

Crème au chocolat. Mêlez sur le feu, demi-litre de lait, 100 grammes de sucre et 4 jaunes d'œufs. Lorsque ce mélange sera réduit d'un quart, ajoutez 50 grammes de chocolat râpé fin; faites bouillir encore quelques minutes. Servez froid.

Crème fouettée. Procurez-vous de la crème épaisse et fouettez-la, avec sucre en poudre, une cuillerée de fleur d'oranger, et un blanc d'œuf battu. Lorsque vous aurez obtenu une belle mousse, mettez-la sur une clayère garnie d'une toile claire, et quand elle est égouttée, servez.

Gelées d'entremets. Faites tremper pendant une heure, dans un demi-litre d'eau 60 grammes de colle de poisson, divisée en morceaux, et 30 grammes de sucre ; puis faites fondre doucement la colle de poisson sur le feu, et passez dans une passoire fine.

Préparez d'un autre côté une livre de sucre clarifié. C'est avec ces deux éléments que vous composez vos gelées d'entremets, en y mêlant des sirops de fruits pendant l'été, et, pendant l'hiver, des liqueurs telles que kirsch, marasquin, etc.

L'habitude, et des essais peuvent seuls vous apprendre à mesurer les doses. Si vous mettez une grande quantité de colle, votre gelée prendra plus vite; mais elle perdra en qualité.

Pour les faire prendre, enfoncez les vases qui les contiennent dans de la glace pilée. Quelques heures suffisent; vous pouvez augmenter l'action du réfrigérant en mêlant du sel marin à la glace pilée.

Si votre gelée a été faite dans un moule, au moment de servir trempez-le vivement dans l'eau chaude pour détacher la gelée, et renversez le moule dans le plat que vous voulez servir.

FIN.

TABLE.

9173. — Imprimerie générale de Ch. Lahure, rue de Fleurus, 9, à Paris.

www.ingramcontent.com/pod-product-compliance
Ingram Content Group UK Ltd.
Pitfield, Milton Keynes, MK11 3LW, UK
UKHW020557180726
13838UKWH00001B/307

9 782329 316130